もう会社がつぶれる!!と思ったら読む本

キャッシュが残る事業計画が楽に作れる!
公的支援活用実践マニュアル

経産大臣認定　経営革新等支援機関
キャッシュフロー経営導入支援パートナー

丸山一樹
Kazuki Maruyama

Clover
クローバー出版

はじめに

読者の皆さま、はじめまして！

キャッシュフロー経営導入支援パートナーの丸山一樹です。拙書を手に取っていただき、誠にありがとうございます。

私は本書を、「中小企業の経営者の方々が資金繰りから解放され、ワクワクしながら経営を継続できるようになってほしい」という想いで書き上げました。

私はこれまで、多くの中小企業経営者の方々にお会いしてきましたが、「資金繰りに困っている」という経営者には共通点がありました。それは、「売上さえ上げれば会社は儲かる」と考え、「事業計画を立てずに経営している」こと（皆、「計画を立てればキャッシュを増やせる」と思っているのにです！）。

とてもシンプルな理由なのですが、多くの経営者がこのような状況のなか、資金繰りに悩まされながら日々の業務に追われている――というのが実情でした。

現在、日本には約358・9万社の会社があり、そのうち99・7%が中小企業・小規模事業者です（中小企業庁　2016年6月時点）。

これらの会社を支援する中小企業庁という政府の組織もあり、様々な支援策が用意されていますが、中小企業経営者の方々に周知徹底されているかというと、必ずしもそうではありません。経営者自身が探しにいかなければ、欲しい支援策にたどりつけない方がほとんどです。

逆に言えば、ごく少数の中小企業経営者だけが、それらを貪欲なまでにうまく活用し、安定経営を実現しています。

私がキャッシュフロー経営導入支援パートナーとしてコーチングに携わる際、胸に抱いているのは「ビジョンとお金の両輪経営で会社を100年永続させる」という自ら掲げたミッションです。

このミッションを抱くようになったのは、現職に携わる前、上場企業で約27年間勤務した経験がきっかけでした。

前職では財務・営業・調達を経験し、それぞれの立場から事業計画策定に関与していました。最初に配属された会計では内勤で、外部との接触は銀行くらい。営業に異動してからも、得意先は日本の名だたる会社ばかりでしたから、当然、事業計画に基づき社員も行動していました。

そうした職場環境もあって、当時の私は「会社というものは、アプローチの仕方はともかく、基本は事業計画書を作り、それに書かれた方針に従って経営を行うものだ」と信じていました。しかし、調達（協力会社や下請け会社から部品を調達する）に異動した時、その考えはいとも簡単に崩れ落ちたのです。

部品を調達する先は、いわゆる「下請け中小・零細企業」。少し規模感がある取引先には担当者もいましたが、私が商談する相手はほとんどが社長でした。年齢が何十歳も離れた方も多く、その話し方から「サラリーマンとは違うな」と感じていました。

それは、着任して間もない頃のことです。

とある会社の社長に「ところで、御社の事業計画では、何が課題で、どのような方針で解決するのですか？」と伺った際、返ってきた言葉に私は衝撃を受けました。

「〇〇さんみたいな大きな会社と違って、そんなものはないよ。ウチの技術で、〇〇さんや他から注文をいただき、言われた通りに作るだけだよ」

最初、社長が言っている意味が、私には理解できませんでした。けれども後々、バブル崩壊後の不況も重なって、こうした中小・零細企業がいきなりバタバタと倒産や廃業するのを目の当たりにした時、「会社経営は、経営理念に基づき、事業の方向性や理想の姿を定性かつ定量的に言語化し、社員や外部とも共有し、日々改善を重ねることで存続できる」ということを再認識したのです。と同時に、その手段の一部が『事業計画書』なのだと、私の中であらためて明確化されました。

こうした経験のもと、キャッシュフロー経営導入支援パートナーとして活動する中、「中小企業経営者の方々に経営力強化策の〝武器〟を手に入れていただきたい」という想いが強まり、それが拙書を執筆する原動力となったのです。

ところで、皆さまの会社の現在のステージは、どこにあるでしょうか？

創業から5年以内のスタートアップ期、10年以内の成長期、それ以上の成熟期……。

それぞれのステージにおいて、経営のアプローチは異なります。

経営力強化策の〝武器〟を確実に手に入れていただくには、それぞれの状況に応じ、具体的かつ再現性があるものとして施策をお伝えすることが不可欠です。

そこで、紙幅の許す限り、皆さまの会社のステージに合った施策の入手方法や事例をあますところなくご紹介することを目指そうと考えました。

ですから本書の最大の特徴は、中小企業等経営強化法に基づく最新の経営支援策を、必要な人が必要な時にすぐ実践できるよう実用性を重視しているところにあります。

そして、読者の皆さまが「気づく→決める→やる→続ける」のサイクルが回せるように、実際の事例を通してワクワクするような内容に仕上げています。

また、本書では公的機関の支援策を無料でダウンロードする方法を紹介しますが、どうか「無料」とは思わないでください。それらは全て、国費で賄われているからです。つまり、皆さまが納めている税金で提供されているのです。

「私が払っている税金で用意されているのだから、その分、元を取るぞ！」という意気込みで取り組み、次への成長をつかんでいただければと思います。

初めの一歩としては、中小企業庁が提供している「中小企業施策利用ガイドブック」を入手することをおすすめします。

これは、中小企業への年度毎の経営支援策（補助金・助成金・経営計画・融資制度）が総括された冊子です。毎年4月~5月に刊行され、中小企業庁のホームページで紹介されるので、送料の負担のみで発送してくれます。商工会議所・商工会でも配布されているので、職員に聞いてみてください。

きっと皆さまにミートした支援策が見つかると思います。

そして、その年の目標とする支援策が見つかれば、ワクワクするかもしれませんね。

２０２１年８月吉日

経産大臣認定　経営革新等支援機関　キャッシュフロー経営導入支援パートナー

丸山一樹

contents

もう会社がつぶれる!!と思ったら読む本

キャッシュが残る事業計画が楽に作れる!
公的支援活用実践マニュアル

第3章

成長・飛躍期編　創業5年以上10年以内の方におすすめ

『経営革新計画』の認定取得で新規事業に挑戦する！

第4章

成熟・黎明期編 創業10年〜20年くらいの方におすすめ

『知的資産経営報告書』で潰さない経営に挑戦する！

最終章

コロナ後の国家の再生を賭けた史上最大の作戦！ ～『事業再構築補助金』

第1章

脱・漂流経営編　つねに資金繰りに悩んでいる方におすすめ

『事業計画書』を書いて資金繰り地獄から解放されよう！

95%の会社が『事業計画書』を書かない

第1章では、中小企業を安定経営へと導いてくれる『事業計画書』の具体的な効果と作り方をご紹介します。

『事業計画書』は、銀行から融資を受ける際に必要なものなので、知っている経営者の方も多いかと思います。けれども、『事業計画書』の役割はそれだけではありません。**今後どのように事業を進めていくかという計画を立て、実行できるようにするのが本来の役割**なのです。

しかし、自分で書いたことがあるという中小企業経営者は少ないのが現状です。

「はじめに」でも触れたように、日本には約358・9万社の会社がある中で、99・7%が中小企業・小規模事業者（中小企業庁　2016年6月時点）ですが、その中で『事業計画書』を作成し実行している会社は、全体の5%に満たないと言われています。

書いたことがあるとしても、融資審査をクリアするため、つまり他人に事業を説明するために作成したのではないでしょうか。

『事業計画書』の本来の役割に気づき、経営者自身のために『事業計画書』を作成すると、会社の未来が大きく変わります。

計画を立てることで、進むべき道がはっきりと見えてくる。やるべきことも明らかになるので、行動しやすくなる。結果的に、お金の心配がない会社経営へと自然に導かれるのです。

実際、『事業計画書』を作成して実行しているという5％未満の会社は、リーマンショックのような景気後退時でも関係なく成果を出し、銀行からは「ぜひ、当行で資金をご用意させてください」と言われています。

これほどのメリットがあるにもかかわらず、いろいろな理由で書かない経営者が多いのはなぜでしょう？

本章では、中小企業経営者が『事業計画書』を書けない理由を明らかにしました。その上で、具体的な解決策を紹介。さらに、『事業計画書』を書かないと起こる危機も洗い出し、それらの解決策も実行しやすい内容にまとめてご紹介します。

そして、第2章以降では、皆さまのステージに合わせた公的支援策を紹介します。

公的支援は、全て「計画策定」が先にきます。このプロセスは、大きな鉄球を転がすようなものですから、かなりのエネルギーが必要になると思います。

しかし、「計画策定」の課題があらかじめ分かっていて、それをクリアする方法を探っておけば、課題にぶつかっても対処の仕方はイメージできるはずです。

また、**「計画策定」を習慣化すれば、日常的に潜む経営上の危機を回避できる可能性が高く**なります。

第2章以降を念頭に、第1章は、車のナビゲーションのように数百メートル先にヘアピンカーブがあることを事前に知っておく。そのようなつもりで読んでみてください。

『事業計画書』を書けない5つの理由

なぜ、『事業計画書』を書くと業績が良くなるという事実を知っているのに、多くの会社が書こうとしないのか？

その理由はいろいろあると思いますが、私が中小企業経営者の方々からヒアリングした経験や商工会議所の経営指導員、さらには銀行の渉外担当から聞いた最大公約数的な理由は、次の5つです。

1. 『事業計画書』の書き方が分からない
2. 『事業計画書』を書く時間がない
3. 『事業計画書』を一緒に書く人材がいない
4. 『事業計画書』を書いても、その通りにはいかないという思い込み
5. 『事業計画書』を書くのは面倒くさい

こうした理由をあらためて見ると、確かにその通りだと思います。では、この5つの「書かない理由」の解決策を一つずつ見ていきましょう。

1 『事業計画書』の書き方が分からない

『事業計画書』の書き方については、学校の授業で習うわけではありません。本やセミナーで勉強するという方法もありますが、多忙な経営者という立場では、それはなかなか難しいでしょう。

ちなみに私の場合は、以前に勤務していた会社が半期毎に『事業計画書』を作成していた

ので自然と血となり肉となり体得してきました。独立後は、本やセミナーで広く学ぶようにしましたが、それができたのは会社員時代に培《つちか》った基礎体力があったからだと実感しています。

ですから、経験のない方が『事業計画書』を自力で書くのは、ハードルが高いと思います。しかし、あきらめることはありません。そうした場合でも、私のような**お近くの専門家と二人三脚で取り組むことで解決**します。

❷ 『事業計画書』を書く時間がない

中小企業の経営者は、毎日の経営判断から現場への指示まで、ワンマンで切り盛りしている方がほとんどですから、たとえ『事業計画書』の書き方を知っていても、じっくり机に向かって計画書を書く時間をつくるのは難しいのが実情だと思います。

しかも、『事業計画書』は書いておしまいではありません。最低月に一回は、計画に対して実績の振り返りの時間が必要です。

これを**「PDCAサイクルを回す」と言います。PDCAは、Plan**（**計画**）**、Do**（**実行**）**、Check**（**評価**）**、Action**（**改善**）**の略**です。

「時間がない」を効果的に解決する方法、それは、一年に一回、または半期に一回、例えば土日などの休日にホテルや旅館にこもって書くのです。

仕事が追いかけてこない環境と、いつもと違った環境をあえてつくり出し、集中して書くようにしましょう。私も毎年、**ワクワクする環境で、1年後、3年後、5年後のビジョンを描く**ようにしています。

3 『事業計画書』を一緒に書く人材がいない

これも深刻な問題ですよね。従業員20人以下の中小企業の場合、「社長が頭で、後は横並びの文鎮型組織」という状況がほとんどです。こうした組織が「社長が今年の方針や経営目標を伝えれば、ナンバー2や部下たちが策定するようになる」のは難しいと思います。

会社は継続することが一番大事なので、もし、あなたにとって**意中の後継者候補がいるなら、その方を指名して一緒に作成する**ようにしましょう。

その方は、話を聞いているだけでもかまいません。

社長であるあなたは、想いを語る。後継者候補はそれをメモする。

これだけで作業工数は2分の1になります。それを聞いている後継者候補は、あなたや会社のことをさらに理解し、短期間で業績を上げる人材に変わります。

4 『事業計画書』を書いても、その通りにはいかないという思い込み

私の経験では、この理由を言う方がとても多いのです。

「元請けが、いつも急な注文を入れたりキャンセルをしてくるので、意味がない」「ウチは不特定多数の客から注文がくるので、予測ができない」といった言い訳に、私は強い違和感を覚えます。

また、この理由を言われる方のほとんどは「売上」だけにフォーカスしているという特徴があります。

『事業計画書』の中で売上は、ほんの一部です。**『事業計画書』を作成する目的は、仕入や給料、戦略経費、設備費を俯瞰《ふかん》する作戦図を作る**ことです。売上を言い当てることではありません。

そして、**会社のお金がキチンと手元に残っているかを確認する**ことなのです。

「どうせ、その通りにいかない」と思っているのは、航海にたとえれば海図とコンパスを持たずに出航する「漂流」を自らしているのと同じです。

冒頭の理由を言ったある社長に、私は、こう質問したことがあります。

「では社長は、今まで会社のお金に困ったことはないのですね」

その社長は、こう答えました。

「以前は、社員の給料日の何日か前になると夜も眠れず金策に走り回り、それが過ぎ去ってもすぐに同じことがやってきた」

これは、前述の航海にたとえれば漂流した状態。いわば「漂流経営」です。

『事業計画書』があれば、安心して航海を続けることができたのですが……。

5 「事業計画書」を書くのは面倒くさい

これは、『事業計画書』を書かない理由を総括した声だと思います。

しかし、深いところにあるのは「ワクワクしない」ではないでしょうか？　逆に言えば、ハードルさえ越えれば、楽しく『事業計画書』が書けそうですよね。

ワクワクするポイントは、**「書けば必ずそうなる」と決める**ことです。

決めることは、何かを捨てることにもなります。決断とは「決めて断ち切る」と書きます。

「事業計画書を書いて必ずそうなる」と決めてワクワクすれば、自然と「面倒くさい」という気持ちを捨てることができるのです。

やると決めたら、あなたに「あなたの想い」「会社の想い」などを質問してくれる方を探しましょう。質問者は、社内のナンバー2や社長仲間、または専門家が適任でしょう。

自分一人で、まっしろな紙に向かうから書けないし、楽しくないのです。誰かに質問され、受身で答えたらどうでしょうか？

例えば、

「社長が会社を起こした理由は何ですか？」

「今までの会社経営で感動したことは何ですか？」

「社長は今後この会社をどうしたいですか？」……等々。

このように質問のシャワーを浴びて、受身で答えれば楽しくアイデアが浮かんできます。それが『事業計画書』のネタになります。何も難しいことはないのです。

『事業計画書』を書かないと起こり得る経営上の危機

『事業計画書』を書かないと経営上の危機が起こりかねません。その危機とは、次の5つです。

1. 人材が集まらない
2. 有利な条件でお金が借りられない
3. 事業承継できない
4 環境の変化に対応できない
5. 会社の継続はない

ではさっそく、これら5の危機の解決策を一つずつ見ていきましょう。

1 人材が集まらない

「お金をかけて求人広告を出すものの、意中の人が集まらない」

「入社しても、すぐに辞めてしまう」

このように人材のことを嘆く経営者を多数見てきましたが、共通する原因の一つは「労働条件のみ求人広告に載せている」ことだと思います。

労働条件のみでは、条件が良いほうに人が流れていきます。そうすると、初任給を上げる、有給日を増やす等の良い条件提示をすることになり、あなたの会社の経営を圧迫する要因になりかねません。

とはいえ、今いるスタッフとの相関を取らないと、いびつな給料体系となってしまいます。

では、優秀な人材を経営状態に見合った条件で、効率的に引き寄せるにはどうしたらいいでしょうか？

答えは、理念やビジョンです。『事業計画書』を作る際に、必ず会社のあり方や進むべき道を明確にする必要が出てきます。それを求人広告に載せるのです。

その結果、そのビジョンに響いた人材が労働条件はさておいても集まります。「こんな会社で働きたい」「こんな社長と一緒に成長したい」といった志を持った人が集まる。これは労働条件で集まった人より長続きするし、業績を上げてくれます。人材が「人財」になる瞬間ですね。

ちなみに、米国の有名な投資家ウォーレン・バフェット氏は駆け出しの頃、当時、師と仰ぐ人の会社に入社したのですが、初めての給料日まで自分がいくら給料をもらえるか知らなかったそうです。

2 有利な条件でお金が借りられない

銀行の監督官庁は「金融庁」です。金融庁の方針には逆らえません。その金融庁が、数年前に銀行行政のあり方を180度ガラっと転換しました。

銀行に対して、企業の将来性を見て赤字でも積極的に融資させる「事業性評価融資」に舵《かじ》を切ったのです。

「事業性評価融資」は、決算書の内容や保証・担保だけで判断するのではなく、事業内容や成長の可能性なども評価して行う融資のことを言います（2016年9月に金融庁が発表した「金融仲介機能のベンチマーク」を検索してみてください）。

金融庁は、事業の将来性が有望な会社には、赤字でも債務超過でも銀行に融資させるように指導していくようです。逆に、事業の将来性をアピールしない会社は切り捨ててよいとも読み取れます。企業の将来性を判断する有効なものは『事業計画書』です。

つまり、『事業計画書』を策定しない会社は、金融庁の方針で、優遇金利で融資してもらえないことになります。

運転資金や投資資金の融資が受けられない状態を、思い描いてみてください。どんな世界が待っているでしょうか？

3 事業承継できない

現在、国内の「社長」の平均年齢は、ほぼ60歳です。これは１９９０年の水準に比べ、約６歳高齢化しています。２０２０年以降には、代替わりが頻繁に行われると言われています。しかし、「社長」の約４割は後継者を決めていない、または後継者がいない状態です。原因は少子高齢化や働き方の多様化、長引くデフレです。このような中、少なくとも5年で代替わりをしなければなりません。

事業承継は、会社毎に多様かつ複雑で、一筋縄ではいきません。本当は構想段階から承継まで、10年は時間を取りたいところですが、すでにその猶予はないと言えるでしょう。

今から5年で承継するならば、**『事業計画書』の中に「事業承継計画」をキチンと策定しないと、最悪の場合、後継者不在で「廃業」**となります。

２０１９年は４万３３４８件の休廃業・解散のうち、57・5％が後継者不在によるものでした（東京商工リサーチ調べ）。事業承継は他人事ではないのです。なぜなら人には寿命があるからです。例外は存在しません。

4 環境の変化に対応できない

20世紀の工業化社会から21世紀の情報化社会に入り、それまで当たり前だと考えられていた価値観や概念が大きく変化するパラダイムシフトが起こりました。

例えばスマートフォンの登場で、コミュニケーションの大量伝送が可能となり、買い物や代金決済までできるようになりました。また、車はガソリン車から燃料電池へ。自動運転もじきに広まるでしょう。取り残された企業や消滅した企業も、たくさんありますね。

『事業計画書』を入念に策定することで、普段、頭の中にある情報や感覚を文章にして社内外に公表でき、なおかつあなたの**会社のステークホルダー（利害関係者）から共感やヒントを得る**ことができます。

環境への変化の対応は、そこから始まります。

「種の起源」を説いたダーウィンは、「生き残るものは、この世で一番強いものでも賢いものでもない。環境に変化できるものだ」と言っています。

5 会社の継続はない

近年の政府は、主に中小企業の支援策として補助金に予算をつけたり、各省庁の「○○計画書」の認定制度を躍起になって奨励しています。

補助金は申請書に「○○を購入するから、補助金をください」と書いても１００％採択されません。必ず「計画書」を申請書の中で書いて、利益を上げるために投資をする目的として申請しなければなりません。

普段、『事業計画書』を書いていない会社は、基礎体力が乏しいので補助金を受けるのは厳しいのが現実です。この時点で、世の中の時流から取り残されていることになります。

なぜ、経済産業省が『経営力向上計画』『経営革新計画』『知的資産経営報告書』などの認定を奨励し、認定企業には低利融資や補助金申請時の加点、税金の優遇に予算をつけているのでしょうか？

それは**『事業計画書』を策定し、ＰＤＣＡサイクルを回して改善活動をしている会社が業績を上げて、会社を継続させる経営力を持っている**ことを知っているからです。

2日間で完成する『事業計画書』の作り方

私が年に一回、効率的にかつ副次的効果を生み出すことを目的に実践している『事業計画書』の書き方をご紹介しましょう。

そのポイントは、次の3つに集約されます。

1．環境を変える
2．専門家と二人三脚で作成する
3．社内のナンバー2を同行させる

この3つのポイントを意識すれば、『事業計画書』の作成がスムーズに行えるだけでなく、書くモチベーションも高まるので、ぜひ試してみてください。

1 環境を変える

会社の休日（土日）にあらかじめホテルを予約し、そこの会議室も確保します。これは、「いつもいる会社とは違う環境をつくり出す」ことを狙っています。

温泉旅館でもいいですよ。リラックスしますから。

実際にやってみて分かったのですが、会社の会議室で作成するよりも『事業計画書』の質は各段に上がります。

2 専門家と二人三脚で作成する

『事業計画書』の専門家から、「質問されながら」作りましょう。あなたは手を動かさずに、受身で頭と口を動かせばいいのです。

「面倒くさい」が「ワクワク楽しいプライムタイム」に変わります。

3 社内のナンバー2を同行させる

後継者候補か経営幹部を同行させてください。理由は、後継者候補（例えばお子さん）と、承継について普段から話す機会は、あまりないのが実情ではないでしょうか。

同行先では、社外の専門家が経営者に質問をし、後継者候補は、その答えを横で聞きます。そうすることで、会社の生い立ちや社長であるあなたが苦労したことなど、普段聞けない話を聞くことができます。

話を聞くことで社長や会社のことを深く理解できますから、これをきっかけにモチベーションが上がり、かつあなたへの見方も変わります。これが最大の目的です。

事業承継への布石が、スムーズにかつ効果的にできるという目的が達成するのは、第三者である専門家が質問するからこそ可能になります。

いきなり全部をやるのはハードルが高いかもしれません。その場合、どれか一つでもいいので実践し、手応えを感じてみてください。

第1章 ● ここがポイント!

会社の未来を創る『事業計画書』だからこそ、ワクワクしながら作ろう!

追記

『事業計画書』を作る前に、あらかじめ知っておこう！

『事業計画書』を作成するにあたって必要な主な項目は、①全体構想、②事業内容と課題、③資金計画、④損益計画表、⑤行動計画の5つです。

■『事業計画書』の主な構成

①全体構想：企業理念・ビジョン、事業概要、市場環境（業界動向など）、事業の将来目標、事業の課題

②具体的な事業内容：事業の内容、事業の特色（セールスポイント）、販売計画、仕入計画、設備計画、人材計画

③資金計画

④損益計画

⑤行動計画

第2章

起業・創業期編　起業から5年以内の方におすすめ

『経営力向上計画』の認定取得で黒字経営の土台を固める！

『経営力向上計画』で経営力を強化

創業まもない中小企業にとって、どのように経営力を強化するかは最重要課題です。そうした中小企業をバックアップするため、国では支援する制度を用意しています。それが『経営力向上計画』です。

国による支援策ですから、計画を作成した会社は、新たな設備投資の固定資産税軽減、法人税の即時償却や税額控除といった税制の優遇措置を受けることができます。

また、融資に関しても、日本政策金融公庫の低利融資の他、民間金融機関の融資では別枠での信用保証などを受けることができるといったメリットがあります。

本章では、この『経営力向上計画』にフォーカスし、必要としている読者の方々にしっかり活用していただくことを目的に、作成方法についても詳しく解説。事例を通じて、『経営力向上計画』をどのように作り、どのように実行すればいいのかを、よりリアリティをもって理解できるようにしています。

『経営力向上計画』は、人材育成・コスト管理などのマネジメント向上や設備投資といった、

経営力を向上するために中小企業が自ら実施する計画書で、Ａ４用紙３枚で完結します。

書式や申請方法については、管轄である中小企業庁のホームページからダウンロードすることができる『経営力向上計画　策定の手引き』に詳しく書いてあります。（※「経営力向上計画　中小企業庁」　https://www.chusho.meti.go.jp/keiei/kyoka/）

また、制度の概要やメリットのポイントや、認定されると使える支援策などについては、本章の最後でまとめてご紹介しています。

ちなみに、私の事務所も、２０１７年に申請し認定されました。前章で「計画書は書けば必ずそうなる」と力説しましたが、今読み返すと本当に書いたことが実現しています。たったＡ４用紙３枚（1枚は表紙なので実質2枚）で、自社の経営が向上するならば、こんなに効率の良いことはありません。

ここからは、実際、認定された会社の２つの事例をもとに、その内容と実現したことを見ていきましょう。

事例の書式は実際の『経営力向上計画』の書式ではなく、その計画と活動を分かりやすく中小企業庁でまとめたものなので、理解しやすいかと思います。また、中小企業庁と掲載企業には許可を得ているので、本書では詳しい解説もしていきます。

『経営力向上計画』認定事例1

市場ニーズと真摯に向き合った

一つ目は、化粧品容器を製造するA社の事例です。

この会社では、小ロットと短納期化が市場からの要望（市場ニーズ）でした。そこで、ボトルネック工程（生産工程の中で最も生産能力の低い、または時間がかかる工程）の金型製作を、外注から自社で製作する体制に変更しました。

ここでのポイントは、従来工法である金属の金型製作から樹脂タイプの金型を狙ったことです。新規設備として3Dプリンタを導入し、なんと製作工程を30日から3日に短縮しています。これは、90％の効率化となります。

また、これまでの金属の金型製作に比べ、25％のコストで製作可能となりました。これは75％のコスト削減となります。しかも導入した設備費は固定資産税特例、中小企業経営強化税制を利用しキャッシュフローにも手を打っています。

結果、受注の増大にもつなげていて、人件費予算を2・77％増加させ、新規採用にも意欲的です。

この事例は、**市場の要望に耳を傾け、「どうしたら要望にお応えできるのか？」と真摯に向き合った**、極めて正しい成功例だと言えます。

この事例をキャッシュフロー経営導入支援パートナーとして、クライアントと共有する**「お金のブロックパズル」**で裏付けしてみましょう。

「お金のブロックパズル」とは、会社のお金の流れを視覚化した図のことです。

A社が『経営力向上計画』を実施して得た効果を、「お金のブロックパズル」の図にまとめました（次ページ下の図）。

まず、設備投資をすることで資金がかかりますが、**『経営力向上計画』が認定されたことで固定資産税特例や中小企業経営強化税制を受けられる**ことができます。ここでの**設備取得は「法人税について、即時償却または取得価額の10％の税額控除が選択適用できる」**ということです。

通常、設備投資は耐用年数に従って減価償却するのが税務会計で義務付けられています。

A社の『経営力向上計画』作成ポイント

○医薬品及び理化学容器（主に化粧品容器）、健康食品等の容器製造業
○ 化粧品メーカー等の新製品開発に伴い容器ボトルの小ロット・短納期対応の要望が高まっている。ボトルネックとなっている金型製作を完全内製化し生産性を向上させることが課題
ー新たな設備導入により金型製作を内製化
ー新たな設備導入により樹脂型金型の製作が可能となり製作コストを削減

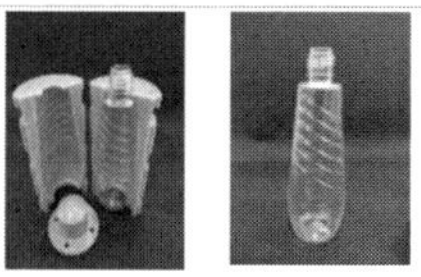
○樹脂金型および容器（試作品）

○当社製品例

○ 固定資産税特例、中小企業経営強化税制を利用し、３Ｄプリンタを導入し樹脂タイプの金型製作を実現。

○ これにより金型製作工程が３０日から３日に短縮でき、外注での金属タイプの金型製作に比べ２５％のコストで樹脂型金型製作が可能となり受注の増大につながった。

○ ２９年度の給与総額は、対２８年度で２.７７％増加させることができ、また、１０人以上の新規採用計画を立てている。

〈事業者からの声〉

樹脂タイプの金型により製作コストの削減とともにデザイン性に優れた容器を製造することができています。取引先からの増産依頼に対応することができました。

A社の「お金のブロックパズル」

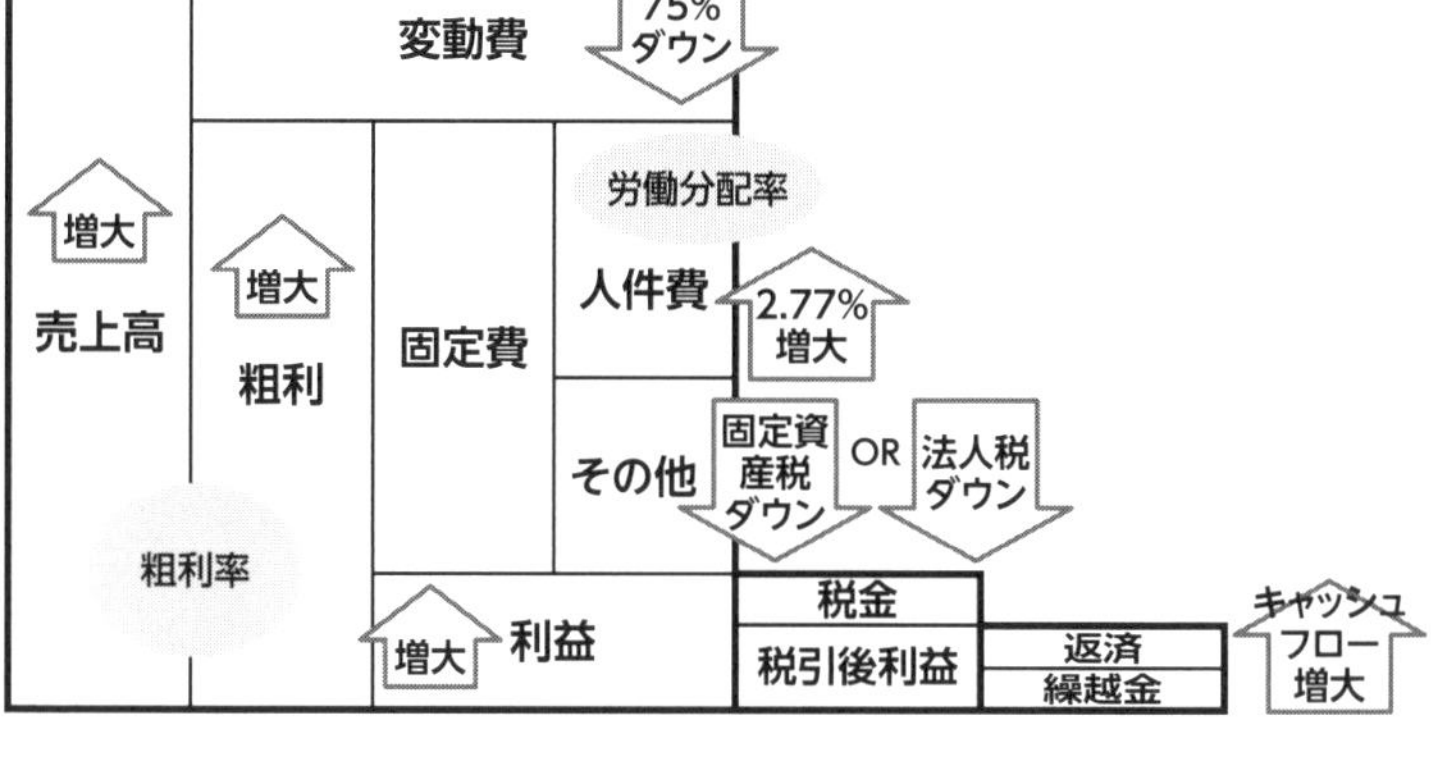

けれども**この税制を使えば、購入した会計年度に償却するか、取得価額の10％まで税額控除できるので税務上どちらか有利なほうを選択できる**のです。

つまり**損金算入するか納税額が減ることでキャッシュフローを増大**させます（購入段階で顧問税理士と計画を立てることをおすすめします）。

また、設備（この場合3Dプリンタ）を導入し樹脂型を内製化したことで、75％の変動費ダウンを実現しています。これは粗利を増大させることになります。なおかつ短納期対応が売りとなり、売上が増大し、さらに粗利を増大させることになります（変動費については本章の「コラム　変動費とは？」を参照）。

図を見ればお分かりになると思いますが、粗利の面積が増えると固定費と利益に分配する面積も大きくなります。この会社の事例では、人件費予算を2・77％増大させたようです。

一般的に「売上アップ」にしかフォーカスしない会社が多い中で、**市場の要望に沿うことで先に設備投資をして期待に応え、『経営力向上計画』の制度を使ってキャッシュフロー（この場合、お金の出を抑える）も向上させる**というA社の「お金のブロックパズル」は、まさに経営を俯瞰した正しい方策だと思います。

『経営力向上計画』認定事例2

顧客ニーズを的確につかんだ改善策

次は、建築建具の機械加工を行う金属製品メーカーB社の事例です。

この会社では、**顧客ニーズを的確につかみ、それを『経営力向上計画』にまとめて認定**を取りました。

そして、計画に基づき、「レーザ加工機」と「ベンディングマシン」を新規に設備投資しました。高額設備となるので、こちらも固定資産税特例、中小企業経営強化税制を利用して上手に節税し、キャッシュフローを良くしています。

その結果、「加工技術が大幅に多様化したことから、取引先数が60％増加し、売上も増加。顧客に合わせた加工ラインの見直しや溶接加工等の工程の削減など、製造工程の改善を行うことにより、加工業務が効率化され営業利益率が50％以上上昇」と記述があります。

この事例も、お金のブロックパズルで俯瞰してみましょう。まず、「取引先数が60％増加……」とあるので売上高が増えます。

B社の『経営力向上計画』作成ポイント

○建築建具を中心にＮＣ精密板金加工及び機械加工を行う金属製品製造業者
○人口減少の影響による受注減や顧客ニーズの多様化が進む中、製造コストの削減と顧客の取り込みが課題
　ー新たな設備導入により、多様化する顧客ニーズに対応し、加工の付加価値を高めることで顧客拡大
　ー加工ラインの見直しなどの製造工程の改善により、加工業務を効率化

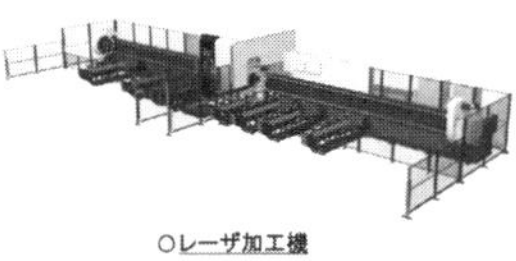

○レーザ加工機

○ベンディングマシン

○固定資産税特例を利用し、レーザ加工機を導入。また、固定資産税特例、中小企業経営強化税制を利用し、ベンディングマシンを導入。加工技術が大幅に多様化したことから、**取引先数が６０％増加**し、売上も増加。

○顧客に合わせた加工ラインの見直しや溶接加工等の工程の削減など、製造工程の改善を行うことにより、加工業務が効率化され**営業利益率が５０％以上上昇**。

〈事業者からの声〉

お客様の様々なニーズに対応できる設備の導入により、従来の仕事にも幅が生まれ、新しい取引が増えました。
また、生産性の向上はもちろん、従業員の品質意識の向上にも寄与していると感じます。

※ＮＣ精密板金加工：NC（数値制御工作機械）を使用した高精度板金加工
　ベンディングマシン：上下から金型でプレスすることで板金等を折り曲げる機械

B社の「お金のブロックパズル」

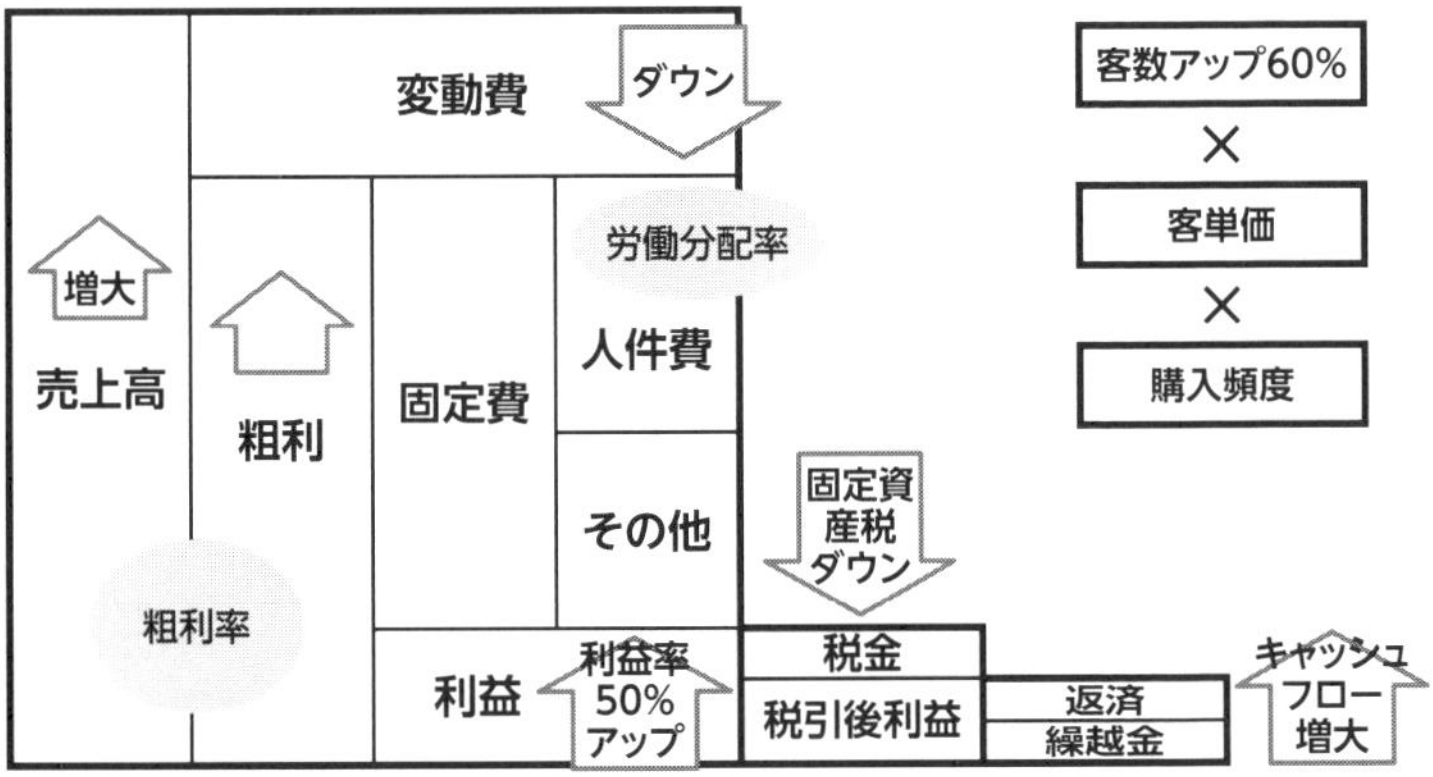

ここで売上高の定義を示すと、［売上高＝客数×客単価×購入頻度］となります。

客数は文字通り、お客様の数か提供物の数量となります。客単価は売上平均単価、購入頻度はリピート率とも言い、一人のお客様が何回購入するかですね。

つまり、この**3つの要素（客数・客単価・購入頻度）の全部またはいずれかを向上させればいい**のです。

よく、社長や社員が「売上を上げよう！」と声を上げますが、社長はともかく社員がそれでは理解不十分です。

「売上」というチャンク（塊）が、大きいためです。そこで、売上を3つの要素に分解する。その上で、どこに目をつけるかを定める。この「どこに目をつけるか」が、戦略上勝負の分かれ目となります。

B社の事例の場合は、客数を60％増加させており、驚異的な数字と言えます。

次は、変動費を見てみましょう。

事例では、「顧客に合わせた加工ラインの見直しや溶接加工等の工程の削減など、製造工程の改善を行うことにより、加工業務が効率化され……」とあります。

この記述は新規の設備導入を行うことで、加工工程の削減や製造工程の改善により出来高がアップし、不良率が低減したと読み取れます。

これは、粗利率が飛躍的に向上します。取引先数が60％増加しているので、生産量も増えます。当然、効率化が必然となります。

生産量が多くなると不良率も増加するので、そこにも手を打っているようです。その結果、「営業利益率が50％以上上昇」につながるわけですね。

これは43ページ下の図にも示してあるように、営業（経常）利益から先のキャッシュフローの部分が増大します。当然、税金も増えますが、手元に残るキャッシュは確実に増えます。

たったA４用紙３枚で描いた『経営力向上計画』で計画を実行し、見事に成功した２つの事例をご紹介しましたが、いかがでしたでしょうか？

『経営力向上計画』の書式は無料でダウンロードできる上、認定にもお金はかかりません。しかも、優遇税制が使えるのです。

皆さまも『経営力向上計画』の制度を使って、あなたのビジョンを実現させませんか？

コラム

変動費とは？

私は最初に経営支援をする際、「社長の会社の変動費は、毎月どのくらいかかりますか？」と、必ず聞くようにしています。

一般的に、この変動費を理解していない、または初めて聞くという方も少なくありません。

もちろん、業種によっては変動費が発生しない場合もあります。けれども、ほとんどの業種で発生するので、あいまいな方は、ぜひこの機会に明確にしておきましょう。

変動費（variable cost）は売上数量に対して増減する費用です。科目としては仕入商品費、購入部品費、材料費、外注加工費等で、基本的に売上を上げるのに必要な費用となります。例えば、工場やお店を1カ月休業する場合、これらは発生しません。逆に休業しても地代家賃や従業員の給料は発生します。これを固定費（fixed cost）と言います。

税務会計である決算書では製造業と建設業を除き、売上原価と表記されています。また本来は変動費と解釈されるべきものであっても、販売費及び一般管理費に計上されている場合もあります。

製造業と建設業では決算書に製造原価報告書が付記されるので、なんとなく理解している方もいます。製造業での部品購入やスーパーでの飲料購入などは分かりやすいですが、介護事業所における入所者やデイサービスで提供するお弁当は変動費とすべきです。なぜなら、入所者がゼロなら発生しないからです。

また、ホテルの水道代も変動費です。宿泊者が大量に使うからです。

ただし、普通の会社での水道代は固定費になります。このように目的が何かによって変動費か固定費に分かれます。どちらにするかは特にルールはありません。社長が決めればいいのです。

とある比較的大きな製造業の会社の購買部門に、「仕入は経営の要である」と横断幕が掲示されていたのを見たことがあります。これは極めて正しい考え方です。

いくら売上が大きくても、過度な数量やムダなものを、市場価格を無視して買っていては［粗利＜固定費］となり、赤字経営の原因となります。

あなたの会社の変動費は何ですか？

今後、変動費をどのようにコントロールしていきますか？

不良品やミスが多いと、なぜ儲からないのか？

かつてメーカー勤務をしていた私は、「不良」という言葉に強い嫌悪感を持っていました。得意先で納品した物に不良品が見つかると、よくお叱りを受けたものです。当然、良品と交換し不良品は回収に行かねばなりません。また得意先の在庫を全て再検査する場合もあります。

やっかいなのは、不良品が得意先で見つからず市場に出回ってしまった時です。「○○年製の××を探しています。見つけたら下記のフリーダイヤルへお知らせください」というようなテレビＣＭを、見たことがあるかと思います。あそこまでいくと、かなりの損害があると思います。

「大企業は体力があるから大丈夫」なんて思ったら大間違いです。

例えば日本のメーカーで世界に名だたるエアバッグメーカーだったタカタは、作動時にエアバッグが開いた瞬間、部品が飛び散り、それが原因で死傷事故が起き社会問題にまで発展しました。

米国では公聴会に呼びつけられ議員から厳しい追及を受けましたが、あくまで完成車メー

不良品のダメージが分かる「お金のブロックパズル」

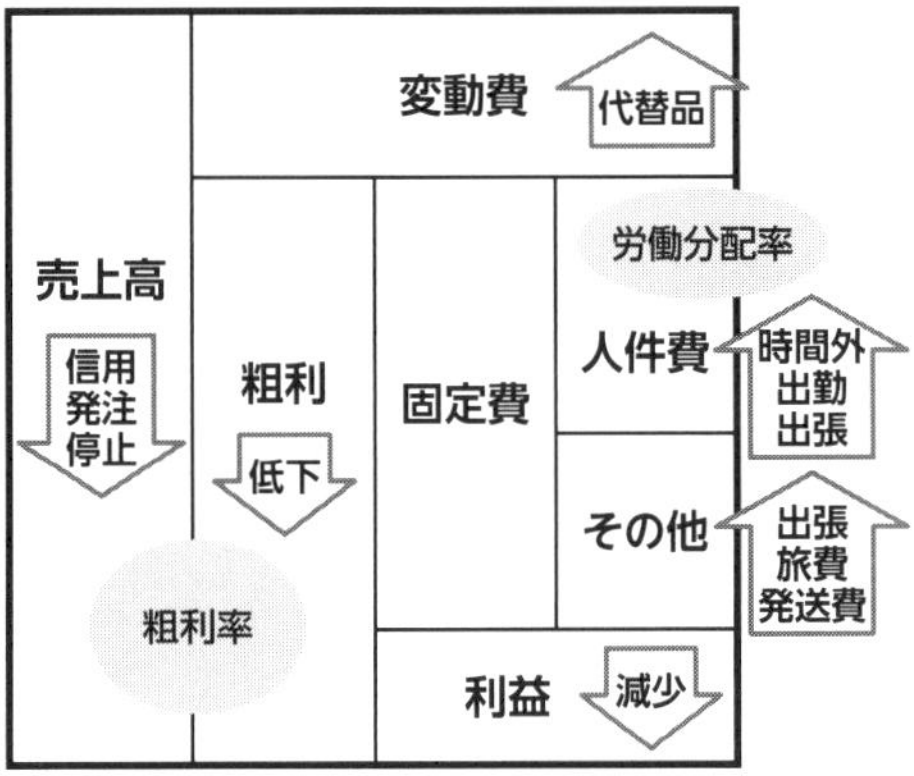

カーの責任との判断を主張し対応が後手に回り、ついに経営破綻してしまいました。

これは極端な事例かもしれませんが、対応を間違うと、倒産も覚悟しなければならないのです。

では、そこまでいかなくても不良が出た時のダメージを、「お金のブロックパズル」で解説していきましょう。

不良品が発生して得意先で見つかると、良品の納入をしなければなりません。［不良品数×変動費］となり、不良がなかった場合に比べコストがかさむことになります。

次に、不良品の引取りや、得意先や社内在庫（流通中含む）の再検査で、人件費が増えることになります。それに伴い、出張旅費や得意先の拠点が多いと、良品を発送する費用も増えます。

つまり、**変動費と固定費が増え、利益を減少する原因**となります。それだけならまだしも、対応が良くないと信用を失い、発注停止となったら目も当てられません。

これは製造業だけでなく、全ての業種に言えることだと思います。

経営者は購入してくれる得意先、お客様に質の良い物・サービスを提供し、間違いがあったら全力で信頼回復に尽くすような体制について、普段から社員と会話することが大事なのです。

第2章●ここがポイント!

たったA4用紙3枚で描く『経営力向上計画』は、会社のビジョンを実現する最初の一歩になる。

追記 『経営力向上計画』を作る前に、あらかじめ知っておこう!

■制度の概要

・『経営力向上計画』は、中小企業の経営力向上を目的に、2016年7月にスタートした国の制度。

■申請

申請：経営力向上のための人材育成や財務管理、設備投資などの取組みを記載した『経営力向上計画』を事業所管大臣に申請します。

内容：申請書様式は3枚。①企業の概要、②現状認識、③経営力向上の目標及び経営力向上による経営の向上の程度を示す指標、④経営力向上の内容、⑤事業承継等の時期及び内容（事業承継等を行う場合に限る）など簡単な計画等を策定することにより、認定を受けることができます。計画の策定は、認定経営革新等支援機関（商工会議所・商工会・中央会や士業、地域金融機関等）の支援を受けることができます。

メリット：認定されると中小企業経営強化税制（即時償却等）や各種金融支援が受けられます。

■主な支援

・税制措置：認定計画に基づき取得した一定の設備や不動産について、法人税や不動産取得税等の特例措置を受けることができます。
・金融支援：日本政策金融公庫の融資、民間金融機関の融資に対する信用保証、債務保証等の資金調達に関する支援を受けることができます。
・法的支援：業法上の許認可の承継の特例、組合の発起人数に関する特例、事業譲渡の際の免責的債務引受に関する特例措置を受けることができます。

※詳細は、中小企業庁のホームページ（https://www.chusho.meti.go.jp）の「経営サポート「経営強化法による支援」を参照。

第3章

成長・飛躍期編　創業5年以上10年以内の方におすすめ

『経営革新計画』の認定取得で新規事業に挑戦する！

新たなステージに飛躍するための『経営革新計画』

創業5年以降の中小企業経営者のお話を伺うと、「既存事業は軌道に乗ったのに、お金の心配が絶えない」「新しい事業に挑戦したくても、資金繰りが不安で前に進めない」といった悩みをよく耳にします。

そうした中小企業をバックアップするのが、『経営革新計画』です。これは、中小企業が既存事業とは別に新たな事業を立ち上げたいという時に描く計画書。第2章でご紹介した『経営力向上計画』がピンポイントで業績を向上させるツールだとすると、『経営革新計画』は経営全体を俯瞰して新たなステージで飛躍するためのツールと言えます。

これは『経営力向上計画』と同様に、国による中小企業支援策の一つなので、『経営革新計画』を作成して都道府県に承認されると、政府系金融機関による低利融資や信用保証の特例、特許関係料金減免制度など、多様な支援が受けられるというメリットがあります。

『経営力向上計画』と比べると認定の難易度は少し上がりますが、新たな成長や飛躍を手に入れたい会社にとって利用価値の高い制度だと思います。

『経営革新計画』の全体像や具体的な書式、手続きや認定を取ると利用できる支援策などは、中小企業庁の『経営革新計画　進め方ガイドブック』にまとめられています。中小企業庁のホームページから、『経営革新計画　進め方ガイドブック』を検索するとダウンロードすることができます。（※中小企業庁 https://www.chusho.meti.go.jp/）

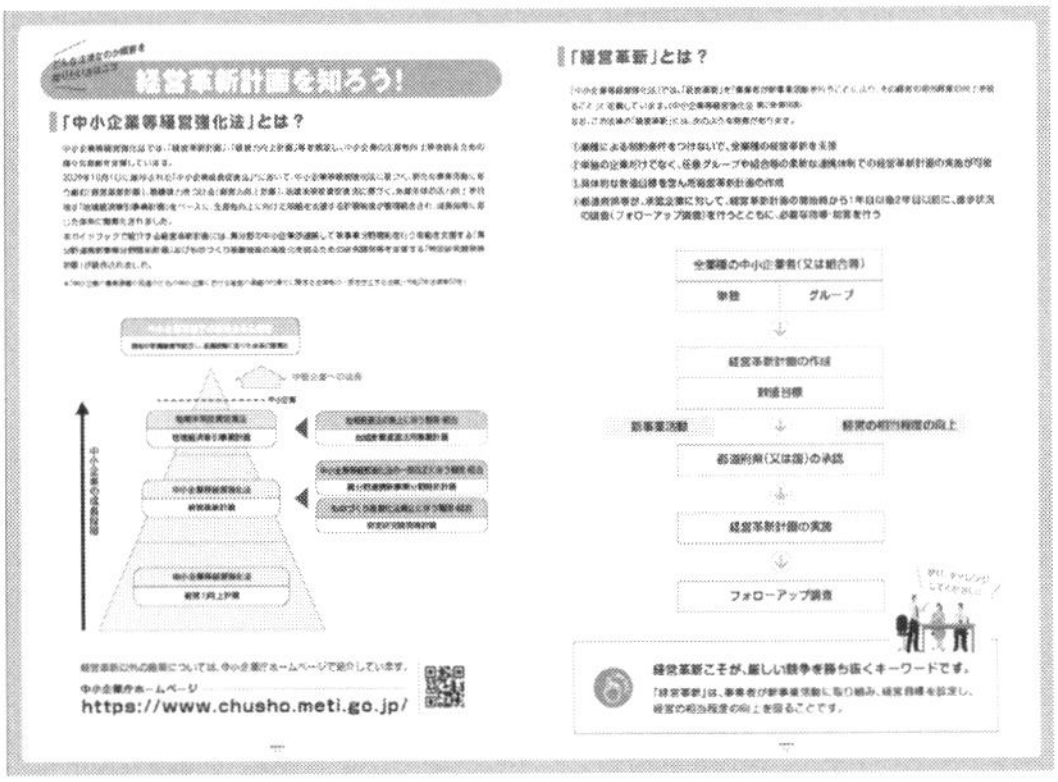

また、『経営革新計画』の申請から作成までの流れは、各都道府県の支援センターが窓口となり二人三脚で支援してくれます。

さらに、各地域にある商工会・商工会議所では、各都道府県から『経営革新計画』の認定の目標数が与えられているので、担当の経営指導員も積極的に相談に乗ってくれます。計画の進捗状況や都道府県の認定後のフォローもしてくれますから、人材に余裕のない中小企業にとっては、なんとも頼もしい制度と言えます。

では、実際に『経営革新計画』に取り組んだ会社の事例をご紹介しましょう。

これは、私が所属する中小企業家同友会全国協議会が定例開催している発表会で聞いた話です。

この発表会は、社長が経営上で起こった出来事や乗り切った経験、変化した感情などを会員の社長と共有する学びの場です。

これまでに数々の話を聞いた中で一番印象に残っていたのが、ここでご紹介する、埼玉県八潮市に拠点を置く照明メーカー「株式会社ワイ エス エム」の事例でした。

『経営革新計画』認定事例

下請けからオリジナルビジネスを展開する企業へ

■20代で、倒産寸前の会社を継承

（株）ワイ エス エムは、埼玉県八潮市に拠点を置く照明メーカー。社長の八島哲也さんは39歳（2021年現在）で、叔父から会社を引き継ぎ社長になったのは今から約10年前、まだ20代後半の時でした。

当初、八島さんはエンジニアとして勤務していたのですが、リーマンショック後の受注激減により会社が傾きかけていた時期に叔父が急逝。まさに崖っぷちの状態でしたが、叔父の奥様から懇願され、甥である八島さんが社長として承継することになりました（以降、八島社長）。

当時の八島社長は、図面は読めても、決算書のことなんてまるで分からない。自社の売上高も知らず、納品書や請求書も見たことがないという状況でしたが、時間が経つにつれ会社の全容が見えてきます。その実情は、会社にキャッシュはなく支払いが滞っているという、まさに火の車の状態。何をどうしたらいいのか見当もつかない日々だったそうです。

手探り状態の日々が続き、精神的にも限界を迎えるようになった八島社長は、自己破産が常に頭をよぎるようになりました。

ついに社員に「会社をたたみたい」と告げると、社員さんたちから「まだやることがあるんじゃないのか！」と励まされます。また、家族からも「たとえ最悪の事態になってもついていくから」と勇気をもらい、なんとかもう一度踏ん張ってみることにしたのです。

■ブランド化を目指し、『経営革新計画』を作成

そうした中、八島社長は、町工場とデザイナーをつなぐコミュニティに参加しました。そこで知り合いになったのが、デザイナーの福嶋賢二さんでした。

福嶋さんから試作を依頼された八島社長は、二つ返事で引き受けます。そして試作品を、数日間かけて夢中になって製作しました。

もともと保有していた照明の技術を活かしつつ、デザイナーのアイデアとスタッフのアイデアで開発に成功したのが、ＦＦＬＰ（フレキシブル・フラット・ライト・パネル）というフ

レキシブルに曲がる面発光の照明です。

その後、福嶋さんがイタリアの「ミラノサローネ」という国際家具見本市にＦＦＬＰを持ち込んだところ、イタリアの超大手照明メーカーの目に留まり、イタリアで商談することになります。

最終的にビジネスには結実しませんでしたが、その会社から、作り手ではなく使い手の論理を描きコンセプトを作り込むことの大切さなどを教えてもらいました。そして、この経験を活かし、ＰＴＣ出願（国際特許出願）をするに至ったのです。

何よりも、**下請け仕事からBtoC（企業が一般消費者を対象に行うビジネス形態）のオリジナルビジネスが描けるようになった**ことが大きな収穫でした。

そして、この経験をもとに、**下請けからブランド化を目指した一回目の『経営革新計画』を策定。**みごと、承認されたのです。

さらに、『経営革新計画』に基づき、ＪＥＴＲＯ（日本貿易振興機構）主催の海外企業を招致してマッチングするイベントに出展。その際、欧州の企業からも評価を得て、フランスでの展示会にも出展しました。

そしてついには、ドイツのデザイン賞（ｉＦデザインアワード）を受賞するという快挙も成し遂げたのです。

その後はこうした経験を最大限に活かし、**一般消費者向け市場でのブランド化から安定経営を目指そう**と考えます。そして、**BtoB（企業が企業を対象に行うビジネス形態）のオリジナルブランド商品への取組みで、二回目の『経営革新計画』を描く**ことになりました。

今回、八島社長にあらためて取材を申し入れたところご快諾をいただいたので、『経営革新計画』作成をきっかけに何が変わりどう進化したのかを、次の『コラム　インタビュー』でポイントを絞ってご紹介します。

コラム●インタビュー

『経営革新計画』のテーマ：「デザイン性と技術力を活かしたオリジナル照明と自社〝照明技術〟のブランド化戦略」

実施期間：2019年7月～2023年6月
お話を伺った方：株式会社ワイ エス エム　八島哲也社長

※八島社長の話し言葉をそのまま活かしています。

■経営革新に取り組む理由

弊社は創業以来、建築金物を中心に製造販売しておりました。基本的には下請けの事業です。

建設関連の企業様の受発注に頼る事業は繁閑の差が激しく、売上も安定しない上に利益率も低く、収益も安定しない状況が続いていました。そうした状況のもと、以前から自社オリジナル製品を開発することで収益率を高め、安定して成長していく企業に変貌したいと試行錯誤を続けていました。

その過程でデザイナーの福嶋賢二氏と出会い、「FFLP（フレキシブル・フラット・ライト・パネル）」の開発を成功させることができたのです。そして、一回目の『経営革新計画』では、「オリジナル照明のブランド化」をテーマに進めてきました。

私たちが作る光のコンセプトは「使う人の心を豊かにする光」です。

主照明を消し、私たちが作った照明を使うことで、いつもの家族の会話や笑顔が少し増えたり、いつも食べたり飲んだりしているものが少しおいしく感じたり、普段より少し安らげたり。使う人に寄り添う照明の開発を目指しております。

このコンセプトが受け入れられたのか、「DIA DESIGN AWARD」、「DFA DESIGN AWARD」をはじめ、デザインのオスカー賞と呼ばれる「iF DESIGN AWARD」などの国際デザイン賞をいただくことができたのです。

また、「八潮ブランド認定品」としても選んでいただきました。

国内外の販路を開拓するために、2018年9月にはビッグサイトで行われた「東京インターナショナル・ギフト・ショー」、2019年と2020年1月にはフランスのパリで行われた「MAISON & OBJET」というインテリアの展示会に出展。その際に私たちが開発した商品は、海外の方にも認められいくつかのオーダーをいただき、代理店なども作ることができました。

iF DESIGN AWARDを受賞した際の写真。右が八島社長。

このような経験から、最近強く思うことがあります。

それは「モノづくりの可能性、モノづくりの素晴らしさ、モノづくりだから描ける夢」です。

商品という目線で見れば、「会社が大きいとか、小さいとか、名が売れているとか、売れていないとか関係なく、世界中フラットなんだ」と感じました。

「6人しかいない町工場の私たちが作った光が、世界中の人たちに買ってもらって、その人たちを笑顔に、そして豊かにできるかもしれない」と本気で実感しました。

そんなことができる仕事は、本当に素敵で夢がある仕事だと思います。

■経営理念

我々の経営理念は、「YSMは想いを形にして関わる人の未来を照らし続けます」です。

関わる人とは家族、社員、社員の家族、協力会社、お客様、地域、そして世界です。

一般消費者向け（BtoC）の仕事に乗り出したことで、精度や納期や価格といった「モノづくり」の要素とは別の、コンセプト・ストーリー・想い・作っている人の顔などの「コトづくり」の要素が大切だということを学びました。

今まで培った「モノづくり」に「コトづくり」を掛け合わせ、共感や感動といった付加価値を高めたものを提供することで、お客様、協力会社から選ばれ、未来を切り開き、地域、そして世界を照らし続け、貢献していきたいと考えました。

■新たな取組み内容

本事業に関しては、新たな商品を提供していく中で、いつも「少し高価格であるが、スタイリッシュな商品を提供する開発力のある会社であること」「商品に裏付けされた技術力をベースに、国内外に製品をアピールしていくこと」が重要と考えています。

照明のサンプルとして、ＦＦＬＰを開発したデザイナー福嶋賢二氏やデザインユニットAkiiとコラボして、ＦＦＬＰを使ったオリジナル照明「ZERO」をはじめ、スタンド照明「HOOP」、デスクやベッドサイドに置く「LIGHT SHELF」、本棚やデスクに置く照明「NIGHT BOOK」など、それぞれに独特の個性を持つオリジナル照明を作っています。

他に、当社は車両系の照明も手掛けさせていただいています。ＪＲ九州のななつ星をはじめ、数多くの車両照明を製作させていただきました。また車両製作時に一緒になった金物屋などから、照明の案件をいただくこともあります。

※「インタビューコラム」の最後に、開発した照明の写真を紹介しています。

■今後の販路拡大に向けて

（1）特注内装照明（B to B）FFLP・特注照明

これらについては、プロダクトからの提案にする予定です。2021年の「MAISON & OBJET」までに「and-on」の商品化を行います。それとは別にFFLPを使った新しいプロダクトの開発を行い、販売可能な製品化まで持っていきたいと考えています。

そして、このプロダクトで独自性を知ってもらい、B to Bへの展開を目指します。顧客と向き合う業務用特注照明はFFLPの弱点などを含め、打ち合わせができる国内からのスタートを考えています。

B to Bでのターゲットもデザイン事務所や空間演出会社、エンドユーザーはホテルなどになります。

（2）オリジナル照明（B to C）

今後、自社商品は一般の方への販売はもちろん、「MAISON & OBJET」でもいろいろなホテルから興味を持っていただいたので、ホテル関係にも提案したいと考えています。すでにフランスのホテルからも幾つかオーダーが入っており、規模によってはホテルに合ったカラーやホテル名の刻印などの提案で、差別化をすることもできると思います。

■自社ブランド拡張事業

現在、弊社の自社商品は特徴的な照明が多く、個々の照明に対してその世界観が好きだというファンがいます。一方で、例えば「NIGHT BOOK」を買った後に別の照明を購入するといった購入行動は、あまり見られないのが実情です。

こうした弱点を踏まえ、世界観を共感していただける顧客に向けて、自社商品の質感やデザインとの協調性、モノとコトのストーリー性など、ブランディングの観点から照明以外の製品で横展開をすることも将来的に検討していきたいと思っています。

例えば、コンセプチュアルな照明を軸に、その照明を映えさせるような雑貨（ペン立て、トレー、スタンド、ブックエンド）で、照明からのアプローチではないファンの獲得を目指したいと考えています。こうした展開であれば、本業（照明製作）を圧迫しない作業量で作れますし、ケースによっては協力会社にお願いすることも可能かと考えています。

また、一般消費者向けとなるB to Cの自社商品開発を通してたくさんのデザイナーと知り合ったことで、デザイナーが大手企業と組んでいるケースでは「弊社と一緒にやりたい」という要請があり、チームラボの仕事などもやらせていただきました（チームラボ：上海）。

今後は、自社商品で当社のことを知ってもらうというアプローチから、できるだけ川上の特注仕事を取っていきたいと考えております。

『経営革新計画』をきっかけに、株式会社ワイ エス エムが開発した主なオリジナル照明と、携わった主な仕事

使う人の心を引き付ける照明、「and-on」。埼玉県の伝統工芸である小川和紙。１枚１枚職人が手で漉いている。素朴で温かみがある風合いを持つ小川和紙を現代のインテリアに合わせてデザインした。

2本のリングを有機的に曲げたベッドサイドに置くスタンド照明「HOOP」。デザインは福嶋賢二氏。

１枚の金属板を回転させるように曲げ、デスクやベッドサイドに置く「LIGHT SHELF」は、日常の小物を引き立たせる照明。デザインはAkii岩松氏。商標登録「登録第6091150号」

本棚やデスクに置いて使用する照明「NIGHT BOOK」。本の形なのでブックカバーから引いた分だけ明るくなり、本をしまうと消える構造になっている。デザインはAkii前田氏。意匠登録「意匠第1610481号」商標登録「登録第6091449号」

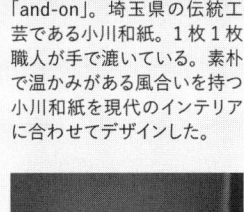

東急不動産、清水建設：南平台

三井不動産、清水建設：芝一丁目

JR九州：ななつ星 in 九州

鎚絵、ななつ星の金物屋：博報堂照明

二度の『経営革新計画』で人材が集まる会社に成長

いかがでしたでしょうか?

約2年前に中小企業家同友会全国協議会で、八島社長が涙を交え発表されたことを、昨日のことのように取材を通じて思い出しました。

もう一度まとめると、

・約10年前、叔父の急逝で突然エンジニアの勤め人から社長へ
↓
・リーマンショックで建築金物の下請け仕事が激減
↓
・会社をたたむことを考えるも周囲の支えで踏ん張る
↓
・新進気鋭の若きデザイナーとの出会い
↓

・既存の照明の技術でデザイン・インの試作品を作る
↓
・FFLPと名付けたオリジナル導光板を開発
↓
一回目の『経営革新計画』で実行
↓
・洗練された欧州の会社の目に留まり海外進出
↓
・特許、商標登録やアワードを取る
↓
デザイナーを通じ国内でも有名企業の照明も手掛ける

二回目の『経営革新計画』を実行中

そして、『経営革新計画』で描いたストーリーに必要な投資である、レーザ加工機とレーザ溶接機を「ものづくり補助金」に応募し、投資額の3分の2の補助金を得て導入しました。

業績も連続赤字から黒字転換しただけでなく、(株)ワイ エス エムのホームページを見て「こんな照明を作りたい！」と言って応募してきたスタッフがいるそうです。

「雇用が生まれたことが何よりの成果」と、八島社長は微笑みながら語ってくれました。

『経営革新計画』を二度も描き、愚直な実践をしてきた八島社長の今後の活躍に注目したいと思います。

コラム

借金して元を取るには？

事業に投資をしてさらなるビジネス領域を拡げたいけれども、手元資金では足りない場合、融資を受けて投資することになります。

けれどもその際、頭をよぎるのは「借金はいずれ返済しなくてはならない」ということでしょう。

「これ以上の借金は難しい」「本当に元が取れるのだろうか？」といった心配ごとも考えますよね。

当然、『経営力向上計画』『経営革新計画』の事例のように、優遇税制やものづくり補助金に採択されてお金の出を抑えることが最も大事だと思います。

最終的には社長の経験と知識で決断することになると思いますが、そもそも「投資したが売れない」「投資したが利益が出ない」では、本末転倒になりかねません。

借金して投資の元が取れるバランスシート

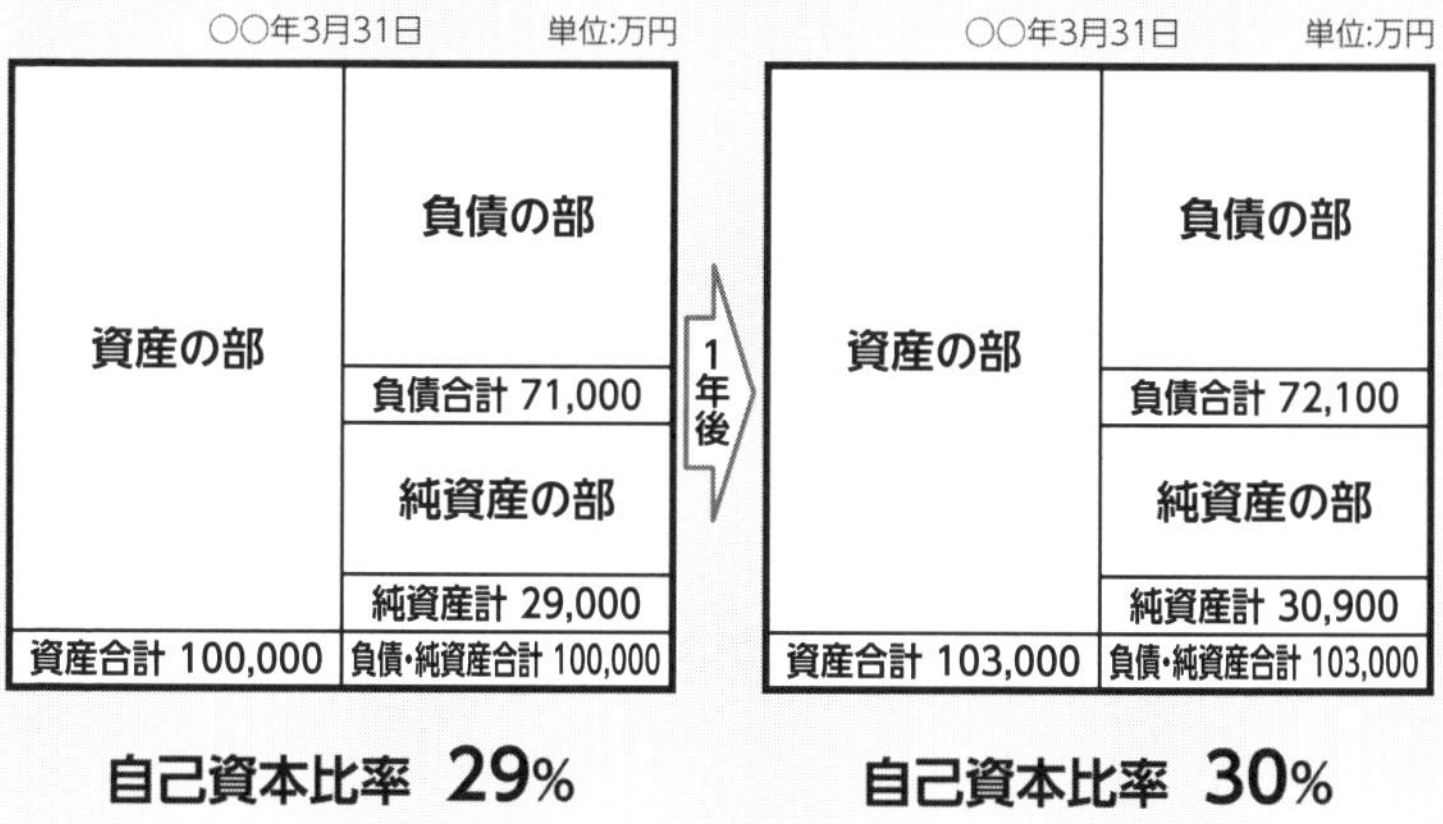

上の図を見てください。図の左側のバランスシートが現状です。

この会社の現状の資産は10億円で、自己資本比率29%だとします。自己資本比率は、総資産のうち純資産が占める割合（純資産／総資産）のことですが、会社がいかに筋肉質なのかを測るモノサシでもあります。

さてこの会社は、ビジネス機会を得て、5000万円の融資を受けて投資することになりました。資金使途は設備投資に3000万円、運転資金に2000万円です。一方、負債は7億1000万円ありますから、融資を受ければ負債は増えることになります。

この場合、読者の皆さまならどう判断されるでしょうか？

「こんな時代なので、これ以上の借金はいやだ！」「儲かるなら、借金してでも投資しようか？」「借金はいつか返さなければならない。返せる目途が立たない」などと思われた方が、多いのではないでしょうか。

では続きを見てみましょう。「借金して投資の元が取れるバランスシート」の右側のバランスシートは融資を受けて投資をした場合で、設備投資の3000万円が資産計上されます。

設備投資後の事業で営業利益1900万円を計上できれば、純資産は3億9900万円となります（営業外収支や税金は省略）。

そして、設備投資後の自己資本比率は、30％となります。教科書的には30％以上あれば体力のある会社と言われているので、合格ラインに達することになります。当然、銀行の評価も上がります。

仮に毎年1900万円の営業利益が計上できれば、融資額5000万円÷1900万円となり約2・6年で完済となります（税金や減価償却費は省略）。

融資の際、借入後の業績を予想損益計算書と共にバランスシートで示せば銀行も優遇金利で融資してくれるかもしれません。

第3章●ここがポイント

『経営革新計画』を活用して、新たなステージへと飛躍するチャンスを手に入れよう！

追記

『経営革新計画』を作る前に、あらかじめ知っておこう!

■制度の概要

『経営革新計画』は、経営革新に取り組む中小企業を、資金調達、税制、販路開拓等で支援する国の制度。国や都道府県に計画が承認されると様々な支援策の対象となります。

■申請

申請：一社単独なのか、組合などによる複数社共同の場合なのかによって、申請窓口が都道府県、または国の地方機関や中小企業庁と異なります。まずは各都道府県の商工担当部局に問い合わせましょう。また、各都道府県等中小企業支援センターや、商工会・商工会議所などでも経営革新に関する相談を行っています。

内容：申請書類は、ほとんどの都道府県のサイトに掲載されています。「経営革新計画＋（都道府県名）」でインターネット検索するか、都道府県の窓口に問い合わせると入手できます。申請書の具体的な記載方法は、中小企業庁の『経営革新計画　進め方ガイドブッ

ク』が参考になります。（※「中小企業庁」https://www.chusho.meti.go.jp/）

メリット：承認後、低利の融資、信用保証の特例、販路開拓の支援などの支援策を受けることができます。

■主な支援

・金融支援：日本政策金融公庫から低金利で融資が受けられます。特例により信用保証協会の債務保証限度額が広がり、承認事業には通常分に加えて同額の「別枠」が設けられています。また、新事業開拓保証の対象となる研究開発費について付保限度額の引上げがあります。

海外展開への支援：海外展開をする場合、現地で融資を受けやすいよう信用状を発行するなどの施策があります。

補助金申請の優遇：『経営革新計画』が承認された企業のための補助事業に申請できます。また、一部の補助事業で、加点対象となる場合があります。

第4章

成熟・黎明期編　創業10年～20年くらいの方におすすめ

『知的資産経営報告書』で潰さない経営に挑戦する！

新たなビジョンを構築する『知的資産経営』

創業から10年以上過ぎると、後継者問題が頭をよぎる中小企業経営者は少なくありません。その際に役立つのが、『知的資産経営報告書』です。

ここで言う「知的資産」は、人材、技術、組織力、顧客とのネットワーク、ブランドなど、目に見えない資産のこと。『知的資産経営』は、「自社が持っている知的資産＝強み」を認識して、収益につなげる経営のことを意味し、経済産業省も推進しています。

こうした知的資産を伝えるための『知的資産経営報告書』を作成することで、経営者自身が積み上げてきたノウハウや会社に対する想いを視える化できます。また、経営者自身が、自社の強みにあらためて気づくきっかけにもなります。

そして何より、目に見えない資産を言語化することによって、後継者への事業承継を理想的な形で行いやすくなります。

『知的資産経営報告書』がもたらす『知的資産経営』は、わかりやすく図に表すと次のようになります。

知的資産のイメージ

海面上に顔を出している氷山は、「資本金」「従業員数」「有形資産」などで、目に見える資産です。これらは分かりやすいですが、一方では、目に見えにくい資産（経営資源）もあります。それが海面下の氷山にある「技術ノウハウ（唯一無二、職人技等）」「ネットワーク（社長の人脈）」「経営理念（志・軸）」などで、読者の皆さまの会社にもいくつかあるはずです。

これらの**目に見えにくい資産を棚卸しして、視える化するのが『知的資産経営報告書』**なのです。

『知的資産経営報告書』で経営課題を視える化

『知的資産経営報告書』の作成を通じて経営課題を視える化することは、中小企業の経営にとって極めて重要なことです。なんとなく当たり前になっている経営資源の大切さを「知る」ことで、今後の経営の舵取りを再認識できるからです。

先ほどの「知的資産のイメージ」の図を、もう一度見てください。

海面下に書かれた「技術ノウハウ」というワードから、「うちの会社のノウハウは、今後も市場から必要とされるのだろうか」「気づいたら、社内の技術が特定の従業員にしか伝承できなくなっている」といった困りごとが思い浮かびませんか？

また、「ネットワーク」というワードからは、「創業社長の人脈に頼った経営をしてきた。社長も60代で承継が必要だ」といった困りごとが、「組織力」というワードからは「今の組織で本当に個々の働き方にミートしているか？　そういえば当社には組織図もない」といった困りごとが思い浮かびませんか？

こうした課題を放置しておくと、経営危機に陥りかねません。逆に、視える化することによって、経営のチャンスが生まれるのです。

『知的資産経営報告書』は、「経営課題」を可視化するのが優れた点です。「ベンチャー」「リレーションシップバンキング」「事業承継」「知的財産」「マーケティング」「人材強化」といったテーマが先に示されていますから、皆さまの経営課題に取り組むことができるのです。

「知的資産のイメージ」の図で海面下に隠れている自社の強み・弱みを、海面上に浮上させる。つまり、視える化できれば、社長も社員も外部のステークホルダーにも影響を与えることができます。

先に紹介した『経営力向上計画』や『経営革新計画』がピンポイント攻撃の特殊部隊だとすれば、『知的資産経営報告書』は、陸・海・空を有した国軍です。

ですから、『知的資産経営報告書』を策定した上で『経営力向上計画』や『経営革新計画』を策定したほうが、ベースができるので取り組みやすいかもしれません。

創業年数にこだわらずにどのステージの会社でも、『知的資産経営報告書』の作成にはぜひ取り組んでほしいものです。

活用までの流れについては、独立行政法人 中小企業基盤整備機構（以下、中小機構）の「事業価値を高める経営レポート　作成マニュアル改訂版」に記載されている「レポート作

レポート作成から活用までの流れ

知的資産経営を実践していく上での出発点は、まず自社の知的資産（経営）を"知る"こと、そして認識した自社の知的資産（経営）を整理し、"まとめる"ことです。

次に、取引先や金融機関などの関係者とのコミュニケーションツールとして活用することや、自社の事業価値を高めるためのマネジメントツールとして活用することです。

前者が自社の知的資産経営を"伝える（認知してもらう）"取り組みであり、後者が自社の知的資産経営を"深める（浸透させる）"取り組みです。

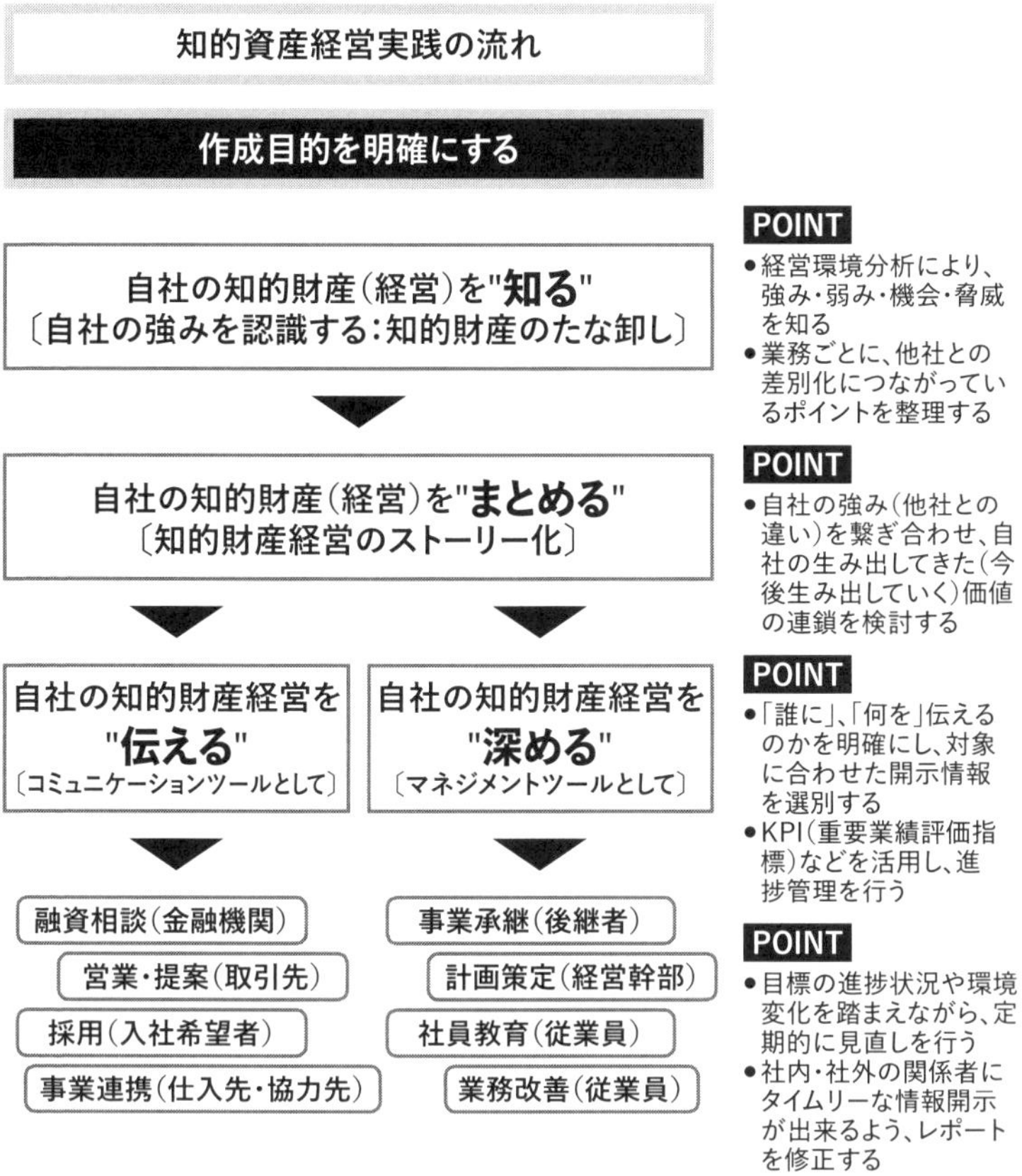

知的資産経営実践の流れ
作成目的を明確にする
自社の知的財産（経営）を"知る"
〔自社の強みを認識する：知的財産のたな卸し〕
自社の知的財産（経営）を"まとめる"
〔知的財産経営のストーリー化〕
自社の知的財産経営を"伝える"
〔コミュニケーションツールとして〕
自社の知的財産経営を"深める"
〔マネジメントツールとして〕
融資相談（金融機関）
営業・提案（取引先）
採用（入社希望者）
事業連携（仕入先・協力先）
事業承継（後継者）
計画策定（経営幹部）
社員教育（従業員）
業務改善（従業員）
POINT
●経営環境分析により、強み・弱み・機会・脅威を知る
●業務ごとに、他社との差別化につながっているポイントを整理する
POINT
●自社の強み（他社との違い）を繋ぎ合わせ、自社の生み出してきた（今後生み出していく）価値の連鎖を検討する
POINT
●「誰に」、「何を」伝えるのかを明確にし、対象に合わせた開示情報を選別する
●KPI（重要業績評価指標）などを活用し、進捗管理を行う
POINT
●目標の進捗状況や環境変化を踏まえながら、定期的に見直しを行う
●社内・社外の関係者にタイムリーな情報開示が出来るよう、レポートを修正する

出典：独立行政法人 中小企業基盤整備機構

成から活用までの流れ」で詳細を知ることができます。（※独立行政法人 中小企業基盤整備機構「事業価値を高める経営レポート 作成マニュアル改訂版」https://www.smrj.go.jp）

また、『知的資産経営報告書』には簡易版と本格版があります。簡易版は別名「事業価値を高める経営レポート」と言い、A3用紙1枚程度でコンパクトにまとめる書式になっています。

経済産業省のホームページで、実際に中小企業が作成した『知的資産経営報告書』の事例」を見ることができるので、書き方などの参考になさってください。「知的資産経営報告書の開示事例」で検索すれば、事例の一覧が表示されます。（※経済産業省「知的資産経営報告書の開示事例」https://www.meti.go.jp/policy/intellectual_assets/jirei.html）

それぞれの事例を見ると、自社の資産がしっかり視える化され、強み弱みが明確になっています。組織図やお客様・社員の声なども紹介されており、営業用の会社パンフレットのような完成度の高さです。

また、「事例集」「作成マニュアル」「作成用フォーマット」を中小機構のホームページか

らダウンロードすることができます。（※独立行政法人　中小企業基盤整備機構
https://www.smrj.go.jp)

皆さまの中には、事例集などを見て「自分には難しい……」と感じる方もいるでしょう。確かに『知的資産経営報告書』の作成は、本業で忙しく人材も不足している中小企業にとっては、そう簡単に作れるものではないと思います。

だからといって、あきらめることはありません。取り組みたいけれども社長と社員では難しいという場合は、「中小企業支援　地域プラットホーム」に依頼すれば、専門家の派遣をしてくれます。公的な組織ですから、安価にて二人三脚で支援してくれると思います。

詳しくは、中小企業庁の「ミラサポ Plus（プラス）」で検索してみてください。ミラサポ Plus は、中小企業事業者・小規模事業者向けに、補助金などのサポートを案内する国のサイトです。（※中小企業庁「ミラサポ Plus」https://mirasapo-plus.go.jp)

では、ここからは、前述の中小機構の「事業価値を高める経営レポート　事例集」に掲載されている酒造メーカーの事例を、許可を得た上で紹介します。事例をもとにしたポイント解説を通じて、『知的資産経営』をきっかけに経営者や社員の変化をリアルにイメージでき

ると思います。

「事業価値を高める経営レポート」の事例

価値創造のストーリーを描く重要性に気づいた

ここで紹介する**酒造メーカー**の事例は、「事業価値を高める経営レポート」の中でも、事業承継を軸とした未来ビジョンの事例です。

この酒造メーカーが「事業価値を高める経営レポート」を作成したのは、東日本大震災の年でした（レポート作成日は2011年10月31日）。

まず、次ページの「酒造メーカーの事例」の一部を太線で囲んだ「ポイント①」を見てください。

私が着眼したのは、**人的資産、構造資産、関係（主に顧客）資産の棚卸しと、次への価値創造のストーリー（ビジョン）を描く重要性に気づくことができた**ことです。

人的資産は目に見えにくい、氷山の海面下の部分です。構造資産は、目に見える資産です

Ⅲ-3　外部環境（チャンスとリスク）

ビジネスチャンス
・海外で和食がブームとなっている。そのため、国内市場の低迷を補い得る市場が、海外には存在する（とくにリキュールにおいては、国内でトレンドダウンする反面、海外ではその市場が拡大している） ・約1,700社を数える同業他社の中で、長期に亘る日本酒市場の低迷により、資金力が低下する企業が多い ・いまだ、本当に旨い日本酒やリキュールを口にしたことがない一般消費者（潜在市場）が数多く存在する ・本物志向への消費者志向の変化、つまり価格優先から品質優先へと市場の流れが変わりつつある

ビジネスリスク
・東日本大震災による日本のイメージ、とくに食（飲）に対するイメージが低下又は悪化している ・世界的な傾向として一般消費者のアルコール離れが見られる ・一部の市場を除き、世界的な不況による一般消費者の購買及び消費意欲が低下している ・海外市場への進出（商品の輸出）において、為替相場の変動（現在は円高）が外的リスクとなっている ・（市場認知度が高まる過程で生じる可能性のある）根拠のない噂による企業イメージの低下又は誤認

Ⅳ. 今後のビジョン（方針・戦略）

外部環境と知的資産を踏まえた今後のビジョン	①	急成長した現在の企業規模に見合う組織創りのための人材育成。その結果として、今後も積極化する新商品開発・新市場開拓に応え得る確固たる企業基盤の確立
	②	当社業績を牽引してきたリキュールの市場認知のみに捉われることなく、新商品や新市場への進出余地を残すことを目的とした酒蔵としての当社企業ブランドの確立
	③	現在15か国に展開している海外販路を深堀しつつ、いまだ参入余地が多く残る他の海外市場の積極的な開拓を行うことで、国内外の販売チャネルを整理・確立
今後のビジョンを実現するための取組		① 長年に亘り運用してきた人事考課制度を、現在の企業規模及びそれに見合う組織を前提とした制度として再構築。当社の強みである開発・製造・販売の一貫体制をより充実させるため、横断的キャリアアップのための人事異動制度を導入。また商品開発を基軸とした社内プロジェクトチームの編成をさらに活発化する。加えて、個々の人材力を高めるため、計画的な社内外の研修制度をより充実させ、個々の人材力を発揮する場を明確にするための権限と責任の計画的な委譲を行う ② 2013年にむかえる創醸120周年に向けて、企業ブランドの確立と周知を行う ③ 交流異業種からの海外情報収集に加え、自前の現地視察や市場調査に注力する

ポイント❶

Ⅴ. 価値創造のストーリー

知的資産（KPI・強化方法など）

【過去～現在のストーリー】（2006年～2011年）知的資産の活用状況		【現在～将来のストーリー】（2012年～2016年）知的資産の活用目標	
人的資産	・経営力（攻撃・外向き） ・営業力	人的資産	・経営力（＋守備・内向き） ・個々人の人材力（人材育成）
構造資産	・酒造技術、ノウハウ ・商品開発力（開発数年20件） ・一貫事業体制 ・商品認知、ブランド力	構造資産	・組織力、営業力（人事制度） ・酒造技術、ノウハウ（経年強化） ・商品開発力（開発数年30件） ・一貫事業体制（新蔵建設） ・企業認知、ブランド力
関係資産	・幅広い顧客関係（約900件） ・海外販路（15か国） ・異業種交流	関係資産	・奥深い顧客関係（約400件） ・海外販路（30か国） ・異業種交流（＋さらに後継者）
その他	・資金調達能力（関係資産）	その他	・安定した財務基盤（借入低減）

KGI

【現在】	【将来】
・売上高 … 17億6,500万円 ・得意先数 … 約900件 ・借入金額 … 約12億円	・売上高 … 20億円 ・得意先数 … 約400件 ・借入金額 … 約7億円

～ 時は一世紀を越えて「飲む人の心に語りかける酒造り」をいつまでも ～　梅乃宿酒造株式会社

酒造メーカーの事例

1 ベンチャー
2 リレーションシップバンキング
3 事業承継
4 知的財産
5 マーケティング
6 人材強化

3. 事業承継

事業価値を高める経営レポート　商号 ： **梅乃宿酒造 株式会社**　作成日:2011年10月31日

Ⅰ. 経営理念(企業ビジョン)

一. 私達は、伝統文化の承継と発展を追求し続けることにより、地域社会の繁栄に貢献します
二. 私達は、職業奉仕の精神をもって、お客様に安らぎと感動を提供します
三. 私達は、相共に夢を語り、夢を育み、その夢の実現に精励します

Ⅱ-1. 企業概要

・代表者 ; 吉田暁
・所在地 ; 〒639-2102 奈良県葛城市東室27
Tel. 0745-69-2121 (代表)
・資本金 ; 3,300万円
・年　商 ; 17億6,500万円(2011年6月期)
・従業員 ; 46名
・事業内容 ;
日本酒製造及び販売
日本酒をベースとしたリキュール雑酒の製造及び販売
甘味果実酒等の製造及び販売
・URL ; http://www.umenoyado.com

Ⅱ-2. 沿　革

・明治26年　吉田商店創醸
・昭和25年　吉田商店から梅乃宿酒造㈱に改組
・昭和54年　自社ブランド中心に移行
・昭和59年　現4代目社長に吉田暁就任
・平成13年　リキュール免許取得、梅酒の販売開始
・平成14年　焼酎免許取得、焼酎の販売開始

Ⅱ-3. 受賞歴・認証・資格等

・中小企業経営革新支援法承認
・グッドデザイン賞受賞
・全国新酒鑑評会金賞受賞
・モンドセレクション最高金賞受賞

Ⅲ-1. 内部環境(業務の流れ)

① 新規開拓	② 商品開発	③ 製　造	④ 営業拡販	⑤ 出　荷	提供商品・サービス
【営業部】 業務用小売へ	【商品開発部】	【製造部】 【原酒部】	【営業部】 業務用小売へ	【商品管理部】	日本酒・雑酒 リキュール等

業務の流れ	他社と差別化ができ、顧客の評価に繋がっている取組
① 新規開拓	やみくもに販路を開拓するのではなく、エリアごとに戦略を立て、効率・効果的な新規開拓を行う
② 商品開発	①・④の営業過程で、営業先との良好な関係から、商品開発ニーズを積極的に収集し活用する 企業規模以上に充実した分析・開発器具を活用、常時10アイテム以上の素早い商品開発を行う
③ 製　造	商品製造に対する投資には糸目を付けず、より良い商品を創るための製造設備が充実している
④ 営業拡販	同業他社に比べ営業人数を多く確保することで、きめ細やかでフットワーク軽い営業活動を行う
⑤ 出　荷	同業他社に比べ多種アイテムを効率よく在庫し、適切な品質管理と無駄のない出荷業務を行う 販売(営業)と製造のタイムリーな情報共有を通じて、適正在庫を維持しつつ、納期管理を行う
顧客提供価値	食の安心・安全を第一義に、旨い商品が育む酔い一時の中でやすらぎ・感動(⇒夢)を提供

ポイント❷

Ⅲ-2 内部環境(強み・弱み)

【 自社の強み 】

・経営(者)の機動力、決断・行動・実行力が高い
・酒造技術、ノウハウが「一世紀超」蓄積されている
・高い商品開発力で市場ニーズを素早く形にできる
・リキュール業界でパイオニアとして認知度が高い
・優れた営業力で海外市場にも営業展開している
・情報源となる多様な異業種との交流関係がある
・充実した商品開発・製造設備を保有している
・開発・製造・販売の一貫体制が仕組化されている

【 その理由・背景 】

つい数年前まで小さな企業であったこと、そして現社長の決断力・行動力・実行力が重なり、経営の機動力が高い。その結果、酒造の技術やノウハウをベースとした事業開発力・商品開発力により、リキュール業界のパイオニアとなり、海外市場にも積極的な攻勢を行う現状にある。また、長年に亘る業歴の中で、開発された事業や商品を具現化するための、製造販売に至る一貫体制が構築されている

【 自社の弱み 】(経営課題)

・急成長した企業規模に組織が追い付いていない
・個々の人材力が現時点では発展途上にある
・日本酒の市場認知度が総じて高いとはいえない
(但しリキュール商品では相当程度の知名度あり)
・営業部長に属人する営業ノウハウが少なくない
・得意先数が急激に増加しているが未整理である
・借入金が多く、財務基盤を安定させる必要がある
(借入が多くなる業界特性にあることを踏まえても)

【 その理由・背景 】

ここ数年の間に、リキュール免許取得による梅酒販売が大きく経営を牽引した結果、企業規模が急激に成長。そのため、若年社員が多く(平均32歳)、人材力が熟成された社員が少ない。また、リキュールが広がり過ぎたため、リキュールにおける市場認知度が高い反面、日本酒の市場認知度が低い。また、借入を"良し"とする現社長の考えから、相対的に借入過多となっている財務的側面も否めない

30

出典:独立行政法人 中小企業基盤整備機構

よね。

関係資産は、顧客数は目に見える資産で、異業種交流はもしかしたら当事者にしか分からない資産かもしれません。

これらの現在の資産を言語化し、1年〜5年後の知的資産の活用目標ストーリーを描いています（その中で、事業承継を意図した資産の移行方針と承継カレンダーを策定しています）。

特に素晴らしいのは、これまでは現（当時）社長の機動力・決断・行動・実行力という「攻め」の経営で業績を伸ばしてきたけれども、**後継者に承継する移行では人材育成などの「守り」の経営に転じる方針転換をした**ことです。

その背景として、「ポイント②」にある「自社の強み・弱み」を明確に言語化できていることが大きいのは言うまでもありません。

また、業績が伸びると、どうしてもこのまま伸び続けるように思いがちですが、一方で守ることも極めて大事だと思います。一つのミスや顧客クレームで崩れ落ちる場合が、よくありますよね。そのために、点在している拠点を集約したり、個人本意の営業体制から組織力の体制に移行されているようです。

戦争映画によく出てきますが、「敵の補給路を断て」と言います。経営も同じで、ある程度の規模や業績の伸びに応じた補給路を持っていなければ、どこかにゆがみが必ず出てしまいます。

先代社長がワンマンで独裁的経営をしてきた場合、代替わり社長はそれとは真逆な議会民主制的な経営をしたがる方が一定数います。これは、どちらが良い悪いではありません。その会社のステージがそこにあるということです。

紹介した事例がそれにあたるかは分かりませんが、この2つのステージに気づき、「事業価値を高める経営レポート」で視える化したことは素晴らしい事例だと思います。

最後に、ポイント①の下部にあるKGI(Key Goal Indicator の略)に触れましょう。

KGIは、日本語では「重要目標達成指標」と呼ばれ、企業が目指す最終的な定量目標(=数値目標)を意味しています。

その他の資産では、現在は「資金調達能力」、将来は「安定した財務基盤(借入低減)」とあります。現在、経営は好調で、将来は返済を減らし手元に資金を残したいそうです。

ここも、真逆ですよね。

売上は、2011年現在、17億6500万円→20億円。借入金額は、約12億円→約7億円、

酒造メーカーの「お金のブロックパズル」

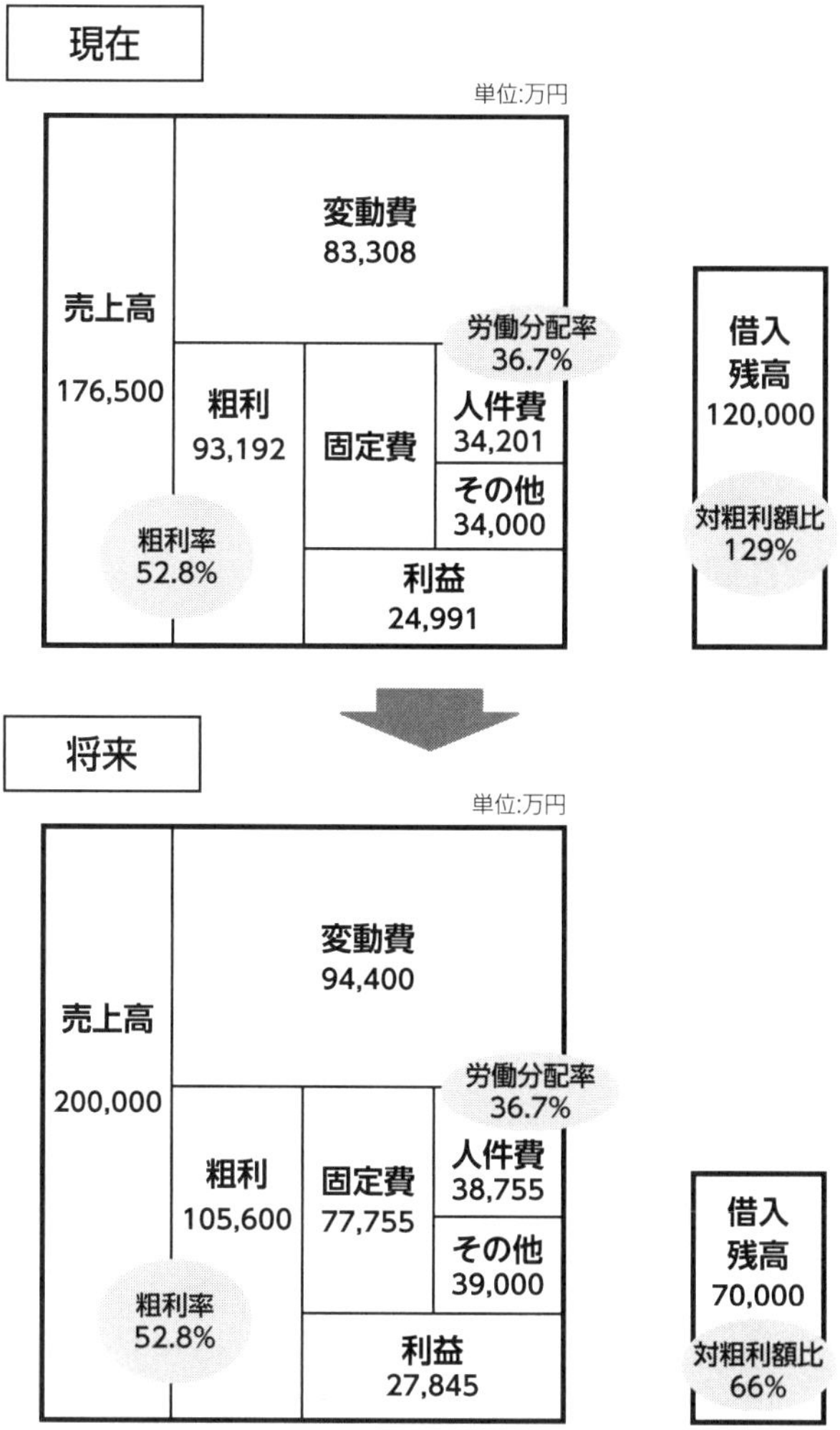

となっています。この表記だけではイメージしにくいと思うので、「お金のブロックパズル」で仮説を立ててみます。

「お金のブロックパズル」の、上の図が現在で、下が将来です。

「事例には、売上値と借入額しかないのに、なぜここまでわかるの？」と、疑問に思われるかもしれません。

事例の会社に聞き込みをしたわけではないので、当然、仮説です。将来はともかく、現在の数字もこの会社の数字ではありません。

では、仮説を紐解いていきましょう。

まず、この会社は酒造メーカーです。業種別の粗利益の平均値は、「ＴＫＣ（経営指標）ＢＡＳＴ」で見ることができます。

ＴＫＣは、会計事務所、税理士事務所や地方公共団体などに対して情報サービスを提供する会社です。ＴＫＣ会員（税理士・会計士）が関与している企業の経営成績と財政状態を分析したデータをＴＫＣ（経営指標）ＢＡＳＴでは、業種別の粗利率（ＴＫＣでは限界利益）と労働分配率の平均値を公開しています。

清酒製造業という区分があり、粗利率は52・8％（統計時期によって変動）です。逆算すると変動費も出ます。労働分配率は36・7％で、粗利額9億3192万円×0・367＝3億4201万円が人件費予想となります。その他の経費は、人件費同等とすれば営業利益の予想も立てられます。

ここで借入残高を見てみましょう。現在は12億円です。これは年間の粗利額と比較すると粗利額比129％となり、経営レポートにも掲載されているように借入残高の重圧があったと思います。

健康的な借入残高は、粗利額の80％以下が望ましいです。今は低金利ですから、それほど利払いの額は大きくないかもしれませんが、利息は営業外費用で利益を圧迫します。稼いだ利益から税金を払い、そこから返済をするため利息が大きくなると返済が厳しくなります。

将来は下の図となり、売上高は20億円です。粗利率を同率とすると売上が増えているので、粗利額は現状の9億3192万円から10億5600万円に増えます。

人件費予算も労働分配率を同率としても粗利額が増えているので、およそ4550万円ほど増えています。利益も2850万円増益です。

この図は、人件費も増え利益も増えている「社員も社長もハッピーの図」となります。

着目するのは、借入は7億円に減らしているので、対粗利額66％となり正常レベルとなります。

この事例は、**強み・弱み、ビジョンといった定性的なところとKGIで定量的にし、かつビジョン実現までの日程感まで視える化**しています。

正しい経営手法であり、実現する可能性は極めて高いと思います。

冒頭でも触れたように、経営課題ごとにストーリーを描くことができるので、ぜひ読者の皆さまも経営課題を明確にしてから取り組まれたらいいと思います。

コラム

『知的資産経営報告書』は、なぜか関西以西でブーム

本章で紹介した「知的資産経営報告書の開示事例」を読むと、ほとんどが関西から以西の会社が取り組まれていることが分かります。

関東在住の私も感じるのですが、関東圏ではあまり周知されていない感じがします。マーケット規模の違いなのか、旗振り役がいるのか、理由は分かりませんが、その傾向は間違いありません。

一つの事例として、兵庫県を中心に支店を展開する「但陽《たんよう》信用金庫」が、知的資産経営を事業の柱にしていることがうかがえます（ホームページで活動が紹介されているので、「但陽信用金庫　知的資産経営」で検索してみてください）。

当金庫が主催者となって会場に専門家を呼び、取引先向けにセミナーを開催しているようです。

こうした取組みは、金融機関側のメリットもあると考えられます。『知的資産経営報告書』の作成を担当の職員がフォローすることで、取引先をより理解できるようになるからです。

当然、企業側も『知的資産経営報告書』で描いた経営戦略で融資が必要な場合、そのまま有利な条件で融資が下りる可能性があります。

金融機関からすれば、展望がある取引先に融資をすることになり、金融庁が金融機関に推奨している「事業性評価融資」（取引先の事業性を見て、たとえ赤字でもリスクマネーを融通する。27ページ参照）に沿う形になります。

私は、地元の地銀・信金に『知的資産経営報告書』及び但陽信用金庫の事例を紹介しましたが、そもそも知的資産経営を知らず、取組みについても乗り気ではありませんでした。

関東圏、いや日本全国に知的資産経営が拡がれば、日本経済はもっと良くなると思っています。

第4章●ここがポイント

『知的資産経営報告書』で自社の強み（知的資産）を把握し、社内外に発信！

追記 『知的資産経営報告書』を作る前に、あらかじめ知っておこう！

■概要

『知的資産経営報告書』は、企業が有する**知的資産**を明らかにし、それらをどのように活用して企業の価値創造につなげていくかを示す報告書。経済産業省から2005年10月に「知的資産経営の開示ガイドライン」が公表されています。

■『知的資産経営報告書』の主な構成

書き方や項目に制約はありませんが、「事業価値を高める経営レポート（知的資産経営報告書）作成マニュアル」では、経済産業省が［企業理念、企業概要、企業の沿革、外部環境と自社のポジション、内部環境とビジネスモデル、価値創造ストーリー、今後のビジョン、知的資産活用マップ］を記載事項として取り上げています。

第5章

『早期経営改善計画』は補助金を活用して専門家と作ろう！

早期の経営改善に取り組む『早期経営改善計画』

ここまで『経営力向上計画』『経営革新計画』『知的資産経営報告書』をご紹介してきました。これらは、「会社全体や事業をどのように強化・刷新させるか」の解となりますが、経営数字については、例えば「年間10億円」といった大まかな数字となります。

一方で、「業績そのものにフォーカスしてテコ入れしたい」「突破口を見出したい」と考える経営者も多数います。そうした困りごとのニーズ対策として、2017年に制度開始となったのが、『早期経営改善計画』の策定支援です。

この制度では、早期の経営改善に取り組みたい中小企業が、**『早期経営改善計画』の策定を専門家と二人三脚で行うことができる**のが大きな特徴です。しかも、**専門家に支払う費用のうち3分の2（上限20万円）まで補助が受けられる**のです。

ちなみに「早期」がつくのは、深みにはまらないうちに改善を実行する意図だと思われます。ここで言う「深み」は、債務超過に陥り支払い能力が著しく低下し、銀行への返済を条件変更（リスケジューリング）しないと倒産するような状態のこと。また、金融機関との間で借入を条件変更している場合、この制度は利用できず、「早期」が取れた『経営改善計画』という一段ハードルが上がる改善計画となります。

現在、新型コロナウイルス感染症の影響で多くの中小企業が資金繰りに苦慮していますが、こうした状況下にあって特に注目されている制度でもあります。そこで、詳細が分かりやすいように箇条書きにしてご紹介します。

■制度概要（対象事業者のイメージ）

・売上は上がっているがなぜか手元にお金が残らない。そもそも決算書を読み解くのが苦手。
・これから借入を行う予定があり、事業計画を作成しなければならない。
・場当たり的な「ドンブリ経営」から先を見渡せる「キャッシュフロー経営」に進化したい。
・金融機関からの借入を行っており、今後も金融機関との関係を強化したい。

■制度概要（支援内容）

①事業計画の策定（ビジネスモデル俯瞰図・損益／収支構造分析）

②むこう1年間のアクションプラン策定
③利益計画の策定（1年～3年分）
④金融機関へ事業計画書の提出
⑤1年後のモニタリング実施

※過去と将来の月次及び年間の数値計画を明確化します。書式は中小企業庁のホームページでサンプルが公開され、一般的にこの書式に従って改善計画を立てて金融機関に報告することになります。

■制度概要（利用のステップ）

①専門家（経営革新等支援機関）を選ぶ。　※以下、認定支援機関
②認定支援機関と共に利用申請書等を作成する。
③事業者は取引金融機関に『早期経営改善計画』に取り組むことを宣言し、金融機関から事前相談書を発行してもらう（支店長か本部役員、部長等が押印した原本をもらう）。
④事前相談書を認定支援機関に渡し、認定支援機関は経営改善支援センターに利用申請一式を提出する。
⑤経営改善支援センターから認定支援機関に受理書が届く。この日以降から経営支援開始可

能となる。

⑥認定支援機関と事業者との間で『早期経営改善計画』を策定する。

⑦事業者は『早期経営改善計画書』を先の金融機関に報告し「受取書」を発行してもらい認定支援機関に渡す。

読者の皆さまの中には「なぜ、金融機関に自社の事業計画を報告しなければならないのか？」と疑問を抱いた方もいるかと思います。

私も当初は、同じ想いがありました。前述した金融機関の事前相談書や受取書がないと補助金対象にはならないので、正直「面倒だな」と感じていました。

とはいえ、実際にこの制度を使った多くの案件に携わるうち、この疑問は払拭《ふっしょく》されました。私が一緒に取り組んだ事業者のほとんどが、過去複数年にわたり赤字企業。ですから、なんとかしたい想いで制度を利用していたのです。

金融機関に事前相談や計画の報告・提出をすると、支店長や担当者から励みになる言葉をいただき、1カ月に1回くらいは提出した計画書の進捗に対して金融機関からヒアリングされることもあります。

すると、健康的なプレッシャーがかかり、計画達成の確率が上がります。

金融機関側も能動的に経営計画を提出する会社は少ないため、金融機関本来の機能が向上しメリットが大きいのです。

私はこの活動を見て、**『早期経営改善計画』は、「社長の想いを言語化して金融機関と対話すること」に位置付けられる**と認識しました。

また、前述したように『早期経営改善計画』を策定するにあたっては、費用の援助があることは大きなメリットです。

『早期経営改善計画』策定全体の費用は30万円（税込）と定められていますが、前述のように、そのうち3分の2である20万円を国が補助上限とし、専門家（認定支援機関）に支給します。つまり事業者負担は10万円（税込）に抑えられるわけです。

それも内訳があり、最初の計画策定が7・5万円で、約1年後の対象の計画期終了時のモニタリングで2・5万円、計10万円となります。

この費用負担を高いか安いかと思うのは、事業者のやる気によると思います。

「早期経営改善計画」が認定された事例

3期連続赤字を脱出、未来を描けるお弁当屋へ

ここからは、私がサポートをして、『早期経営改善計画』の制度を使い「キャッシュフロー経営」を導入した事例を紹介します（社名などは仮名表記）。

その事業者は、私が開催している「実践★キャッシュフロー経営体験会」というキャッシュフロー経営を学んでいただくwebの無料セミナーに参加された方で、株式会社M社のS社長です。S社長には、キャッシュフロー経営にいたく感心を持っていただき、後日、個別相談をしました。

■『早期経営改善計画』の制度を活用

株式会社M社のS社長は、唐揚げを中心としたお弁当屋さんを複数店舗持つオーナー社長です。

業績が思わしくなく、改善策として各店舗の店長と、M社の哲学を言語化し毎週読み合わ

せをしている中、経営数字についてもガラス張り化することが改善策になると気づき、キャッシュフロー経営に関心を持ったそうです。

これは、正しい選択だと思います。**『早期経営改善計画』を策定するには改善策の根拠として、キャッシュフロー経営のノウハウが必要**だからです。

そのことをS社長に告げると、この制度を使ってキャッシュフロー経営を導入することを決断されたので、経営支援が始まりました。

■「お金のブロックパズル」に過去3期分の決算書から経営数字を入れ込む

まず最初に、過去3期分の決算書から、会社のお金の流れを視覚化した図「お金のブロックパズル」に経営数字を入れ込み、特徴や傾向、今後の対策をコーチングしながら描きました。そして3期分のお金のブロックパズルを描いたところ、かなり厳しい現実を突き付けられたのです。

その業績は、本業の儲けを示す営業利益が3期連続赤字。さらに今期も月次の業績を積み上げ、期末の残り2カ月の予想を立てると通期赤字予想となり、4期連続赤字の見通しとな

M社の「お金のブロックパズル」

2018年

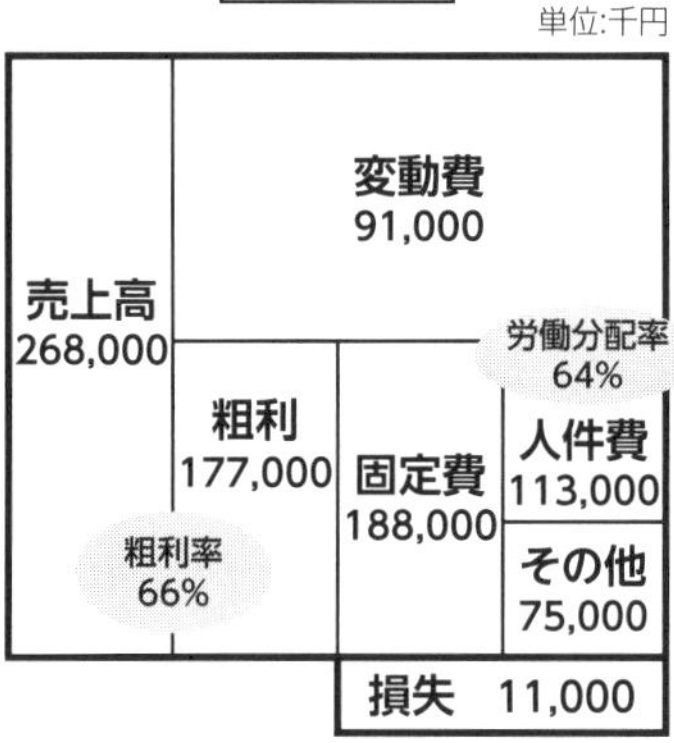
単位:千円
変動費
91,000
売上高
268,000
粗利
177,000
固定費
188,000
労働分配率
64%
人件費
113,000
その他
75,000
粗利率
66%
損失　11,000

2020年

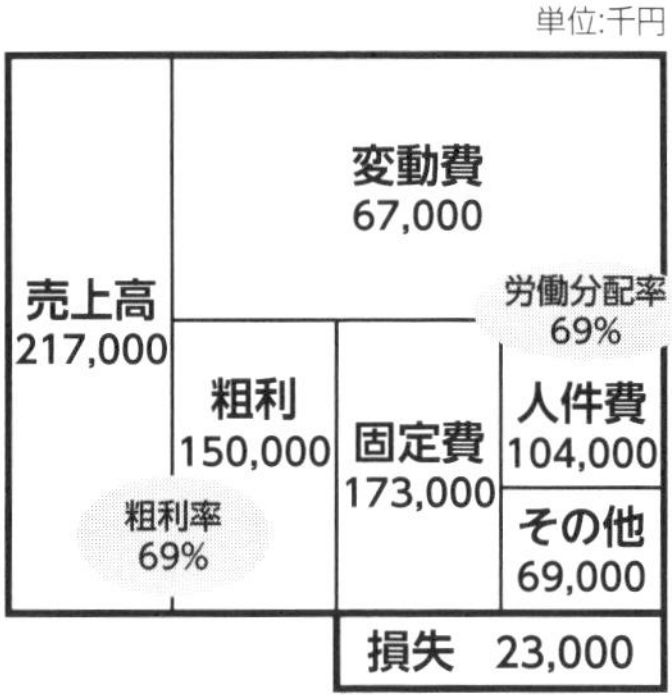
単位:千円
変動費
67,000
売上高
217,000
粗利
150,000
固定費
173,000
労働分配率
69%
人件費
104,000
その他
69,000
粗利率
69%
損失　23,000

2019年

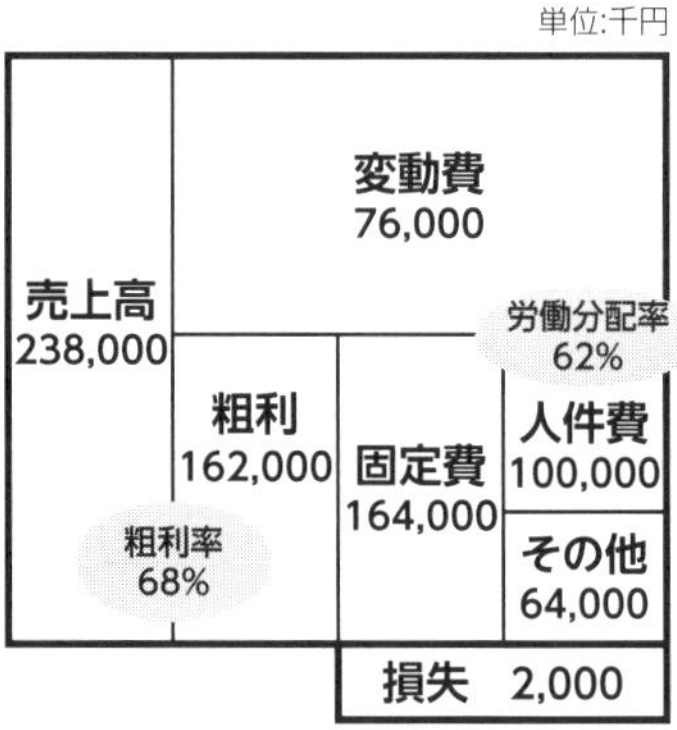
単位:千円
変動費
76,000
売上高
238,000
粗利
162,000
固定費
164,000
労働分配率
62%
人件費
100,000
その他
64,000
粗利率
68%
損失　2,000

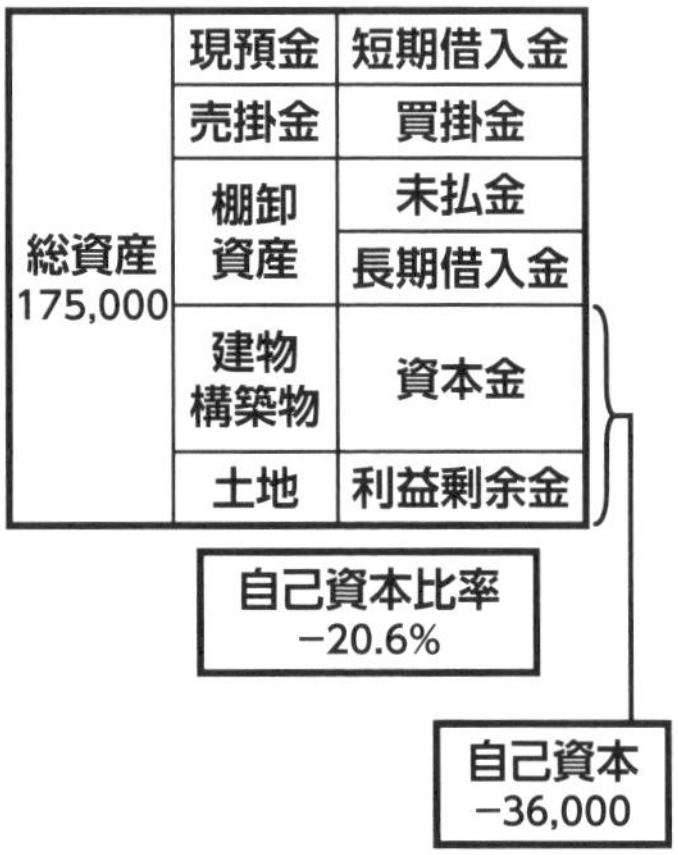
総資産
175,000
現預金
売掛金
棚卸
資産
建物
構築物
土地
短期借入金
買掛金
未払金
長期借入金
資本金
利益剰余金
自己資本比率
−20.6%
自己資本
−36,000

りました。

しかも、バランスシート（貸借対照表）は［資産＜負債状態］（純資産がマイナス）であり、債務超過だったのです。これは、現状の資産では負債を返済できない状態となります。

この2つの現実を、S社長は食い入るように見て「コロナ融資があったから、今やっているんだ。もしコロナ融資がなかったら、今頃……」と呟《つぶや》きました。現実を目の当たりにしたことで、スイッチが入ったようです。

このM社には、試算表も毎月、月末締め後、1週間で提出してもらっていますが、数字の羅列で何をどうしていいか分からなかったそうです。これは、世の中の多くの社長が抱える共通した悩みです。

作成した図を見ながら、私が気づいた点を社長に質問をしていきました。

S社長も図を見つつ、私の質問に振り返りを含めて考えられる原因を答えてくれました。

要点は次のようになります。

①売上高……2018年から3年間下降している。2020年はコロナの影響でビジネス街での需要が激減する。

②粗利率……売上数量は減少するも、消費税率引上げや一時の人出不足で値上げをしたため率は微増している。

③人件費……独立や正社員の退職で総枠は減少傾向にある。粗利額が減少しているため労働分配率は上昇傾向にある。

原因が分かれば、対策の方向性は自然と導き出せるものです。これは、どの会社の社長でもそうなります。

そこで、さらに私から過去を踏まえ、「来期はどのようにされたいか」という質問をしていきました。その要点は次のようになります。

①営業利益……本業の儲けを示す営業利益ベースで4期連続赤字のため、まず営業利益を黒字に持っていくことを最初に決める。収支トントンレベルの少額でもいいから黒字化して、債務超過を少しでも解消したいというのが、ご希望。

②粗利率……一般的に飲食業界では「原価率30%」と言われている。ということは粗利率は70%台を目指したいところ。S社長もこれを理解していて70%を目標にする意向。

粗利率を向上させるには、客単価、客数、購入頻度のアップと変動費のダウンの合わせ技で可能となります。

アイデアをお聞きすると、次の内容でした。

●客単価

客単価をアップするため、新商品であるお弁当の開発を行いました。私もいただきましたが、これはおいしかったです。他店で売っていないので、値上げしても十分売れると思いました。しかも、変動費がそんなにかからないので、粗利率向上は見込めます。

●客数

数店の新規出店をすることにより、ボリュームを増やします。

●購入頻度

ＳＤＧｓ（エス・ディー・ジーズ）への取り組みの一環として、「ごはん小盛で、こども食堂に貢献」を実施しました。日本語で「持続可能な開発目標」を意味するＳＤＧｓは、簡単に言えば「世界にある課題を、世界で解決するための目標」です。ＳＤＧｓへの取組みは、企業の社会的なイメージに影響を及ぼすものになっています。

M社のこれからの利益計画

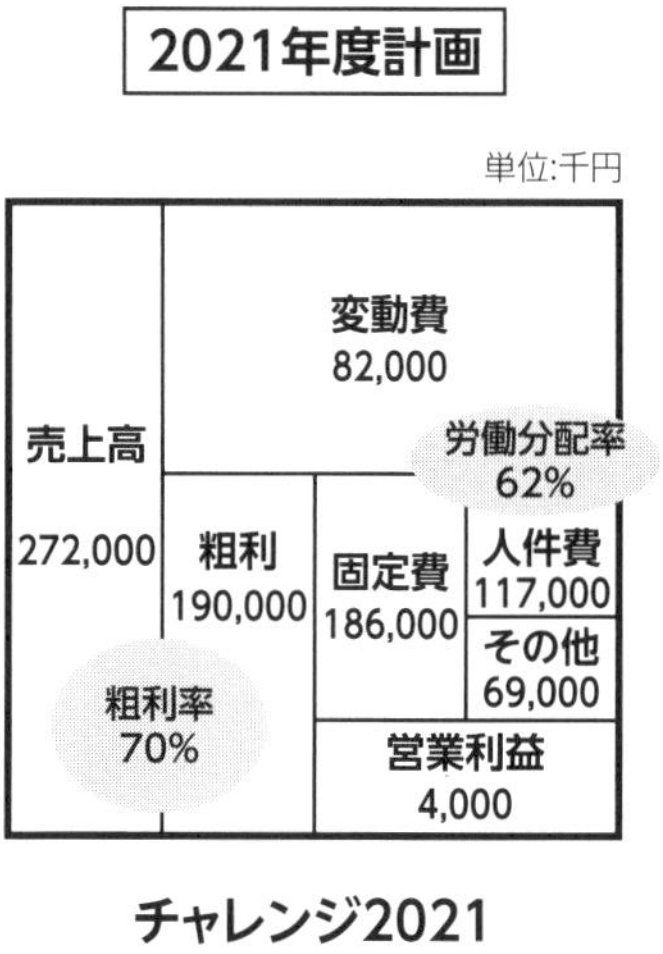

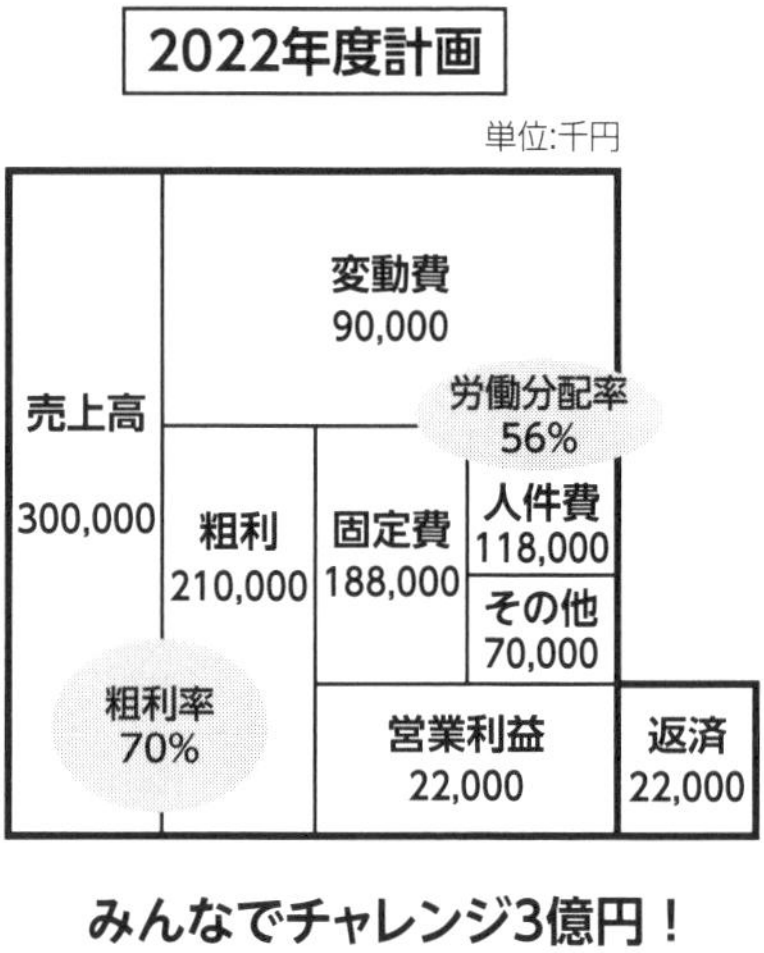

「ごはん小盛で、こども食堂に貢献」では、お客様がご飯小盛を選択されると、その分地域のこども食堂に寄付されます。これは、素晴らしい取組みだと思いませんか？

これならば、そのような貢献をしたいと思っている人にきっかけを与えることになりますよね。こども好きな人なら毎週来店して「ごはん小盛で！」と注文しそうです。

●変動費ダウン

食材の仕入を独立して行ったお店や、FC契約しているお店に代行する代わりに、量の効果で仕入先にkg当たりの単価を下げてもらいます。

これらを図にすると前ページの図のようになります。

額はまだ小さいですが、本業での利益が出る目標が描けます。また、人件費予算も増えることになります。

この調子で翌々期、つまり2年先の目標値も描きました。ここでは、さらなる出店と新商品開発で売上高は3億円となり、利益倍増です。しかも本業で稼いだキャッシュフローで銀行返済も可能となります（図では税金と減価償却費は省略し、返済が営業利益の範囲と表記）。

これに「みんなでチャレンジ3億円！」というタイトルを付けました。

これで、債務超過を少しずつ解消できるようになります。

最後に数値計画を達成するために、1年間のアクションプランを描きます。

切り口は、**「1年後にどうなっていたいのか?」というゴールを3~5項目に言語化して、5W1Hの要領で日程計画化**します。これを、毎月業績と共に振り返り、PDCAサイクルを回します。

S社長は、このように経営目標を描くことでアイデアが整理され、社員と共有し行動することで実現できる気がすると満面の笑みで答えられました。

『早期経営改善計画』の制度の目的は、「専門家と計画を立てて、1年後の業績をモニタリングする」ことにあります。ＰＤＣＡ：Plan（計画）、Do（実行）、Check（評価）、Action（改善）の視点から言うと、Ｐと1年後のＣとなります。

月次単位でのＣとＡの積上げが極めて重要となりますが、これは制度にはないので事業者自身でやるのか、引き続き専門家が伴走しながらやるのかは事業者が決めることになります。

このＳ社長の場合は、私が引き続きキャッシュフロー経営を伴走しながら、実現に向けて1カ月に1回セッションをしています。

第5章 ● ここがポイント！

『早期経営改善計画』で、突破口を見出し、利益倍増を常習化

追記

『早期経営改善計画』を作る前に、あらかじめ知っておこう！

■制度の概要

中小企業が経営改善（『早期経営改善計画』の策定）に取り組むことで、資金繰りの管理や採算管理が行えるよう支援する国の制度です。

■申請

申請書の提出については、認定支援機関経由で全国各地にある経営改善支援センターに提出し受理されると専門家の支援を受けられます。中小企業庁のホームページ内に、「経営革新等支援機関認定一覧」が掲載されています。

（https://www.chusho.meti.go.jp/keiei/kyoka/）

■主な支援

・策定にあたっては国が認める認定経営革新等支援機関のサポートを、国からの補助金（支払い費用の3分の2）を受けて利用できます。

※詳細は、中小企業庁のホームページ（https://www.chusho.meti.go.jp/keiei/kakushin/kaizen/souki.html）の「早期経営改善計画策定支援事業」を参照。

第6章

「資金繰り表」でお金の流れを〝視える化〟しよう！

なぜ「資金繰り表」が必要なのか？

本章では、あらゆる中小企業にとって最も重要なことの一つであるにもかかわらず、見過ごされている「資金繰り表」にフォーカスします。

すでにご存じだとは思いますが、「資金繰り表」は、会社の一定期間における現預金の収入や支出の額を示した表のこと。

ところで、読者の皆さまの会社では、「資金繰り表」を作成していますか？

もしかしたら、これは耳の痛い質問かもしれません。

中小企業の場合、社長の奥様が経理として会社のお金を預かっている状況が多く見られます。また代替わりした若い社長の場合は、母親だったりします。

しかし、それは「請求書を発行する」「売掛金の入金など通帳を確認する」「給料や仕入先に支払いをする」「小口現金を扱う」など、事象に対処しているだけということが多いようです。

会社のお金の流れの「全体像」を理解して、先読みしている会社は少ないのが実情ですが、それは第1章で紹介した「事業計画書を書けない5つの理由」と、ほぼ同じ理由からきています。

実際のところ、「資金繰りのやり方が分からない」「難しそう」「面倒くさい」「教えてくれる人がいない」「学ぶ時間がない」……といった状況ではないでしょうか？

常に［手持ち資金＞支払うお金］の状態ならば、それでいいかもしれません。

けれど、［手持ち資金≒支払うお金］または［手持ち資金＜支払うお金］の場合は、緊急性があり、かつ重要な問題だと認識してください。

この場合は、常に「お金が足りない、追われている」となります。そんな状態では本業もうまくいかなくなってしまいます。

「そもそも、何のために会社を経営しているのか？」といった考えさえ芽生えてきてしまいます。これではまさに、本末転倒です。

そこで本章では、資金繰りのテクニカルな話は最低限にとどめ、読者の皆さまが最初の一歩を踏み出せるような気づきを中心にご紹介したいと思います。

会社が倒産するのは赤字になったからではない

ここで、一つ質問です。

会社が倒産するのは、どんな状態になったからでしょうか?

決算で赤字を計上した時でしょうか?

それも要因としてはありますが、決定打ではありません。その理由として、世の中の倒産件数は約半数が黒字倒産です。

統計を取り始めて以降、その数はあまり変化していないようなので、これからもその傾向は続くと思われます。詳しく知りたい方は「東京商工リサーチ　倒産件数」を検索してみてください（※株式会社東京商工リサーチ　https://www.tsr-net.co.jp）。

業績が黒字でも赤字でも倒産するのは「資金ショート」した時です。「手持ち資金＜返済」の状態です。

英語では倒産を「go bankrupt ＝借りたお金が返せなくなる」と言います。英語の表現のほうが合理的で分かりやすいですね。

以前、商工会議所で行われた地元企業経営者との会合で、「ウチは黒字経営で利益を出しているのですが、なんとなくお金が足りない感じがします。利益と会社に残るお金は違うのですか?」と、私に質問された方がいました。的確な質問だと思います。

そのメカニズムは後述しますが、その前に、読者の皆さまは「利益」をどのようにとらえていますか?

利益には「営業」「経常」「特別」「税引き後」と種類がありますよね。

では、どの利益が大事だと思われますか?

本業に関して言えば「営業」となり、会社にお金を残すことに関しては「税引き後」が近くなります。

また、利益は操作することが可能です。実態をとらえていない場合もあります。ですから「利益は意見」と言われます。

でも、**会社に残っているお金は「事実」**ということになります。この事実が不足すると、後々不都合が生じることになりますね。

また、この**事実を直視した経営を行うと、本業がより儲かる**ことにもなります。

これは、私が中小企業に導入支援している**「キャッシュフロー経営」**です。キャッシュフローについては後述しますが、一言で言うと**「会社のお金が見渡せて、本業にアクセ**

ル全開で踏み込める経営能力」です。

つまり、先に述べたように、**返済や支払い、はたまた倒産の危機といった漠然とした恐怖感から解放されて本業に専念できれば、経営環境が改善され会社にお金が残る体質となります。**

ですから、正しい資金繰りを経営に導入することは、人間の体で言えば血液の流れを良くすることになるのです。

資金繰り表は難しくない

これまで会社経営に資金繰りを導入することの大切さを述べてきました。

しかし、「それは分かったけれど、難しそうで自分には無理かもしれない」と思っている方に、さらに踏み出せるように3つの視点をご紹介します。

ご自身に合う視点を選択していただければと思います。

①自分で学ぶ

②自分はやらない
③専門家に任せる

では、これら3つの視点について、一つずつ見ていくことにしましょう。

①自分で学ぶ

自分で学ぶことの大変さは、理解するのに時間がかかるということですよね。数字が苦手な経営者は、案外多いものです。自己流にならないように正しい方法で身に付けましょう。

基本的な考え方は本を2~3冊読めば理解できると思いますが、私が推すのは日本政策金融公庫のホームページです。そこから「各種書式ダウンロード」で検索すると、資金繰り表（簡易・詳細版）と記入事例をダウンロードすることができます。（※日本政策金融公庫 https://www.jfc.go.jp）。

試算表から現状を分析すると、先々の「予想」を描くことができます。

顧客からの入金日、社員・仕入先への支払い日、社会保険料や納税、借入返済。これらの

資金繰り表の例

[　　年　　月　　日作成]

お名前：

			(実績) 1月	(予定) 2月	(予定) 3月	(予定) 4月
売上高			47,981	37,000	45,000	46,000
(参考) 前年同月の売上高			35,967	37,905	50,491	46,548
前月繰越金 (A)			39,847	18,468	[illegible]	[illegible]
経常収支	収入	現金売上	0	0	0	0
		売掛金回収	40,233	51,000	43,200	33,300
		受取手形入金・割引	6,000	4,100	4,400	5,000
	計 (B)		46,233	55,100	47,600	38,300
	支出	現金仕入	0	0	0	0
		買掛金支払	6,321	5,584	5,000	5,000
		手形決済	11,491	21,941	21,459	12,542
		外注加工費	13,800	14,400	15,000	13,500
		人件費	8,500	8,500	8,500	8,500
		諸経費	6,500	6,500	6,500	6,500
	計 (C)		45,612	56,925	56,459	46,042
	差引過不足 (B)-(C)=(D)		621	▲ 1,825	▲ 8,859	▲ 7,742
経常外収支	経常外収入		0	0	0	0
	経常外支出		20,000	0	0	0
	計 (E)		▲ 20,000	0	0	0
財務収支	収入	借入金 (当公庫)	0	10,000	0	0
		借入金	0	10,000	0	0
	支出	借入金返済 (短期)	0	0	0	0
		借入金返済 (長期)	2,000	2,000	2,300	2,300
	財務収支計 (F)		▲ 2,000	18,000	▲ 2,300	▲ 2,300
翌月繰越金 (A)+(D)+(E)+(F)=(G)			18,468	34,643	23,484	13,442

(売上高、売上原価、経費等の算出根拠)

【手順①】直近1ヵ月分の売上高を記入します。次月以降については、確定している分、過去の実績や季節性等を考慮し、予定している売上高を月次で記入します。

【手順②】「決算書」、「試算表」、「総勘定元帳」等を確認して、期首の残高を記入します。個人のお客さまの場合は、期首の預金通帳の残高等を記入します。

【手順③】前月の実績の金額を記入していただき、それ以降の予測売上に対する予測回収金額を月次単位で記入します。

【手順④】前月の実績の金額を記入していただき、それ以降の予測仕入、外注費等の予測支出金額を月次単位で記入します。

【手順⑤】経常外の収入（投資収入や設備売却で得た収入など）又は支出（投資や設備購入に伴う支出など）について、前月の実績の金額を記入していただき、それ以降の予定の金額を月次単位で記入します。

【手順⑥】返済予定表等から借入予定金額、支払予定金額を月次単位で記入します。新規で借入する予定分の支払金額についても同様に記入します。

【手順⑦】資金繰り表に記入した売上高、経常収支及び経常外収支等の欄に記入した算出根拠を記載します。

（日本政策金融公庫（国民生活事業））

出典：日本政策金融公庫

予想が、資金繰りの肝となります。

返済のように確定しているものは確定値を入力し、未確定は予想値を挿入します。すると、「会社には意外とお金が残らない、足りない」ことに気づく方が少なくありません。けれども気づくことで、その原因と対策が視えてきます。そして、ここまでくれば、八割方は資金繰りを制したことになるのです。

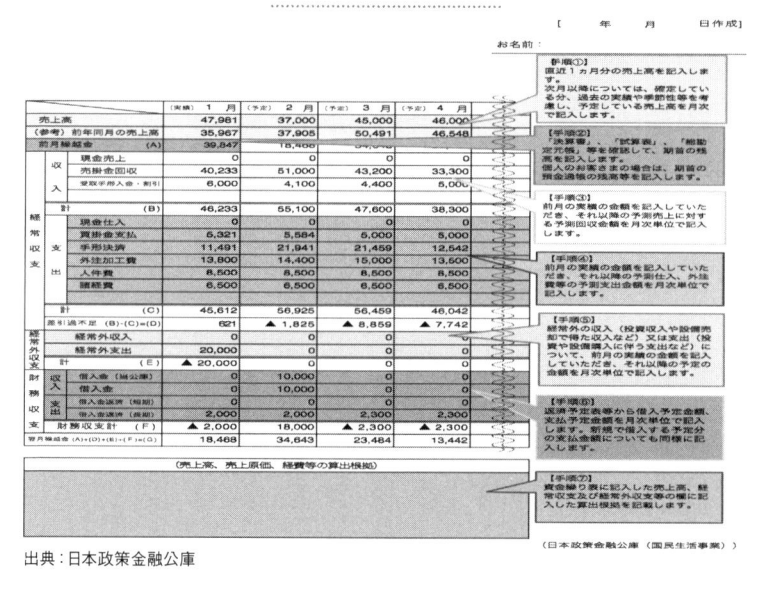

さらに極めて資金繰りに強くなる、私も実践している方法をご紹介します。

それは、**「目的別に銀行口座を分ける」**ことです。これは、銀行口座が資金繰りをしてくれているというイメージです。

このノウハウを私は、『PROFIT FIRST お金を増やす技術』（マイク・ミカロウィッツ著 近藤学訳 ダイヤモンド社）から学びました。この本では「5つの銀行口座」を作ることをすすめています。5つの口座とは、売上回収口座、仕入等代金支払い口座、納税・社会保険料支払い準備口座、利益口座、万一の備え口座です。目的は事業形態や規模で変えてもかまいません。

これを実行すると、売上で回収したお金はすぐに底をつくことに気づき、逆に支払い資金は確保できます。そして、寸前にならないと分からない納税額に心配する必要がなくなります。さらには、自然災害や病気で事業活動が不能になっても、一定期間の固定費が払えることになります。

「資金繰り表」を作り、銀行口座を目的別に分けて管理することで、余計な心配ごとがなくなり、本業に費やす時間が増えることになります。

また、万一、運転資金が不足しても事前に原因が分かるので、銀行も安心して融資してくれます。原因が分からずなんとなくお金が足りないからといっても、銀行は融資してくれませんから。

②自分はやらない

「本業に没頭したいからお金の管理は自分はやらない」という方もいらっしゃるかと思います。

私の知人で、建具屋を営む家で育った方がいます。父親は昔の職人気質で良い仕事をする反面、建具代金の回収には不熱心で、母親が月末になると回収に走り回っていたのを子供の頃から見ていたそうです。

役割が明確になっていればいいのですが、あいまいだといわゆる「どんぶり経営」になってしまいます。

似たようなケースでも、役割分担をして成功した事例もあります。

世界のホンダを創った本田宗一郎氏も職人気質の人でした。

当時のホンダは浜松の小さな町工場で、何かあればすぐ倒産してもおかしくない状態でした。

ただ、ホンダが生き抜くことができた背景には、本田宗一郎氏の技術に対する想いもありますが、お金の面を支えた名参謀・藤沢武夫氏の存在がありました。

本田技研創立時、本田宗一郎氏が「俺はお金のことには口を出さない。だからお前さんは技術のことには口を出さないでくれ」と切り出したそうです。見事な役割分担です。結果的に、本田宗一郎氏はお金の心配をせず、技術開発に没頭できたのですね。

読者の皆さまにも、あてはまる方がいるのではないでしょうか？

もしもあてはまるならば、信頼できる参謀に任せるのも一つの手だと思います。

③専門家に任せる

この方法が一番早く、かつ的確に経営に資金繰りを導入できる方法です。

「ウチは税理士さんが見てくれています」とおっしゃる方がいます。確かに税理士との顧問契約で試算表、資金実績、決算書作成までフルに依頼している会社もあります。ただ、その内容を見ると、全て「過去数字」です。

資金はあくまで前月までの実績のみで、未来はありません。

当たり前ですよね。お金の入りと出はあくまで会社側で決めて行うので、税理士側ではわかりません。

決算書は、会計期間に出す納税目的の数字であり、経営判断のためとは言い難いのです。決算日から約2カ月後に提出されるものです。それを見て「人を何人雇う」とか、「機械設備などの投資額はいくらにするか」などの経営判断をされる方はいないと思います。

経営判断は「今」するべきことです。しかし、やみくもするわけにはいきません。今後のお金の流れを見極めた上で、納得の判断をしたいものです。

そのためにも、今後一年間の会社のお金の流れを視える化しておけば、人を雇う場合や人件費予算をシミュレーションで描いたら、一目で判断可能となります。

キャッシュフロー経営導入支援パートナーである私は、この領域を支援しております。これを「管理会計」と言い、経営判断に用いられます。一方、決算書を作成する会計を「税務会計」と言います。

どちらも大事ですので、まず違いを理解した上で、専門家に依頼することが大切です。料理でたとえるならば、和食の板前さんとフレンチのシェフでは使う材料も道具もまるで違うということです。

見たくない数字を視える化すれば勇気が湧く

ここまで、資金繰りを経営に導入することの大切さや、そのやり方をご紹介してきましたが、最後にあり方について述べたいと思います。

人から命令されることから解放されて、自分のやりたいことに専念するために創業された方は少なくないと思います。実は、私もその一人です。

会社やお店を作って本業にアクセル全開で踏み込むのはよいのですが、本書のテーマである経営力を向上させる学びを得ずに独立する方が、なんと多いことか。

特に資金繰りは複雑な要素が絡むので、単に売上を上げればよいという話ではありません。

ビジネスを始めたら、「掛け取引」を初めて知った。
「手形」で相手が支払ってきた。
開業時の設備投資のために借りた融資の返済が毎月キツイ。
想定を超える固定費でいつも支払いに追われ、夜も眠れない。
社員が急に退職を申し出た。
補充するまで社長である自分が現場に入らなければならない。
トップ営業として得意先と深夜まで接待。……等々

読者の皆さまの中にも、こんな想いをした方がいるのではないでしょうか？
実は、私もそうです。

自社の経営数字をこの図に描いてみよう

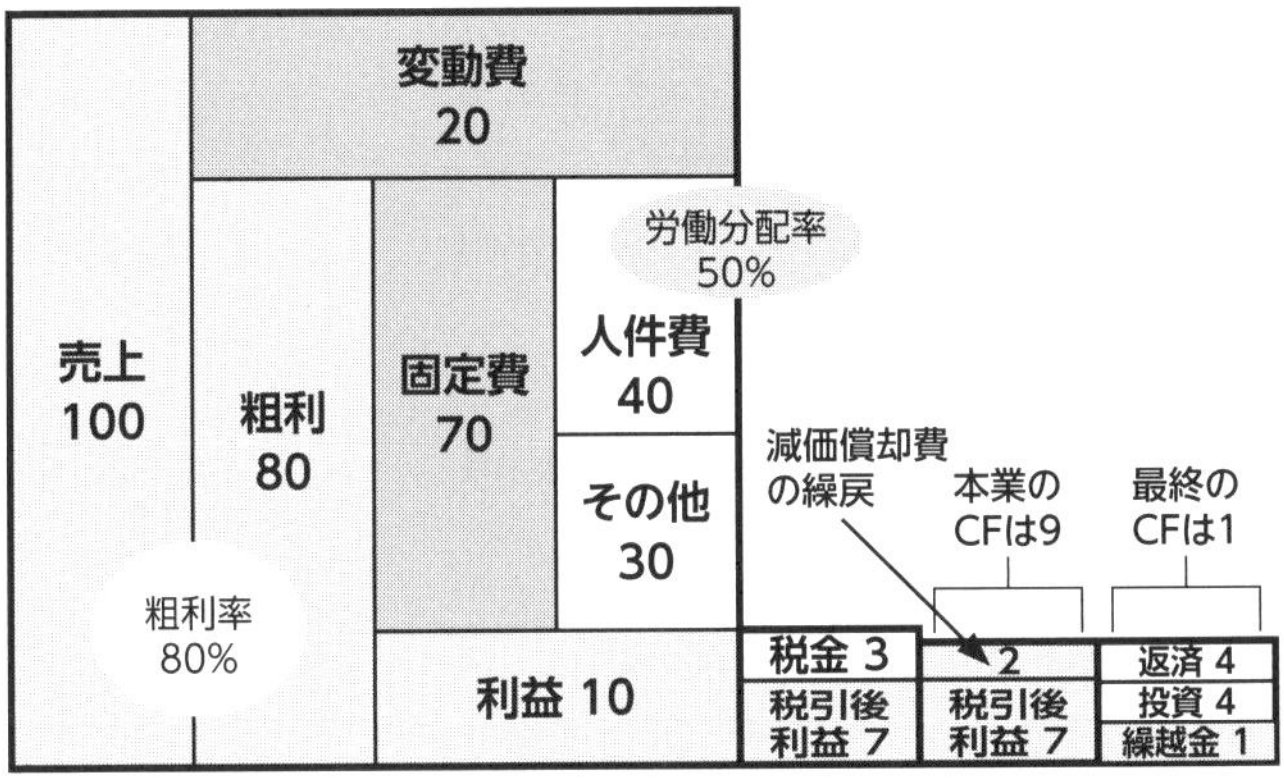

やりたいことをやりたくて独立したのに、勤め人だった頃に比べ、想像を超えた気苦労を味わうことになってしまう。こんな状態で、複雑な資金繰りを片手間ではなかなかできませんよね。

そこで、本書で何度か登場している、「お金のブロックパズル」をあらためてご紹介します。私は、キャッシュフロー経営を導入支援する時、導入先の社長や幹部に描き方を伝授しているのですが、この図が描けるだけで自社のお金の流れが納得できるようになります。

また今後、会社にお金が残る方法を、ご自身が短時間で気づけるようになる効率の良い図でもあります。

次に、「自社の経営数字をこの図に描いてみよう」という右の図を見てください。これは、読者の皆さまの経営を短時間で判断できる生産効率の良い図です。

この図を見て、気づくところが何点かあると思います。

読者の皆さまは、左側の売上の面積だけにフォーカスしていませんか？

この図は稼いだ［粗利額∨固定費＝利益］となっています。これならOKですね。

ただ、売上だけにフォーカスすると、［粗利額∧固定費＝損失］となる場合があります。

また、［税引き後利益＋減価償却費＝本業で稼いだキャッシュフロー］となります。

※減価償却費とは、設備投資額を税法で定められた耐用年数で均等に償却するということです。実際の出金は購入時に終わっているので、決算書に計上されている費用をいったん戻すことになります。減価償却費がない会社もありますので、よく分からない方はスルーしてかまいません。

本業で稼いだキャッシュフローを原資として、金融機関への返済（元本）や次への投資ができるようになります。これを、**決算書上でも黒字でキャッシュフロー経営的にも黒字**と言います。

よく拝見するのが、決算書では黒字でもキャッシュフロー経営上で赤字という会社。こういう会社が、実は圧倒的に多いのです。

［本業のキャッシュフロー＜返済］

この状態が前述した、「ウチは黒字経営で利益を出しているのですが、なんとなくお金が足りない感じがします。利益と会社に残るお金は違うのですか?」の答えとなります。

ですから対策は、**［本業のキャッシュフロー＝返済］へと持っていき、［本業のキャッシュフロー＞返済］となるように、源流の図の改善をする**必要があります。

どのようなことを改善するのか、よくある例を挙げてみます。

・税金は、毎年変わる税法に呼応して節税を税理士と考えてみる。
・その他の経費で、例えば、電力の自由化で光熱費を下げられないだろうか?
・人件費で、どうしたら社員が望まない残業や休日出勤を削減できるだろうか?
・優秀な営業マンを、どうしたら営業に専念させて粗利を稼ぐことができるだろうか?
・ムダな在庫を増やさないようにするにはどうするか?
・仕入先を変更するなどで、どうしたら変動費を下げられるだろうか?
・どうしたら既存客に売上増になるか?

・新規顧客数を増やすには、どうしたらいいか？
・どうしたら付加価値を付けて値上げできるのか？
・粗利額が高いものをたくさん売って、低いものは撤退できないか？
・月に1回しか購入してくれないお客様に2回買ってもらうにはどうしたらいいか？
……等々

このような話し言葉で、図を見ながら社員とアイデアを出し合ってみてはいかがでしょうか。全員で楽しく取り組めば、経営は良くなる感じがしませんか？

その時に「売上倍増」なんていう目標は要らないと思います。

各項目1～2％程度でOKです。

その代わり、経営全体に手を打つ必要があります。

この手法を、1980年代に米国で確立されたOBM（オープンブックマネジメント）と言います。

日本では、「全員参加型経営」や「ガラス張り経営」と呼ばれ、大企業を中心に導入されてきましたが、最近では中堅・中小企業にも少しずつ浸透しているようです。

では、売上のみにフォーカスして会社にお金が残らず、自己破産寸前でお金のブロックパズルと出合い、会社にお金が残る技術を独学で確立した知人の社長の実話をご紹介します。

「お金のブロックパズル」で改善した事例

KKD（経験と勘と努力）から数字の管理へ

■売上を上げれば儲かるという思い違い

会社名と個人名は伏せさせていただき、Aさん（後にA社長）とします。

Aさんが40代初めの頃、勤務していたメーカーが、資金繰りが回らずに倒産してしまいました。その時に取引先の社長が、「A君、君が独立してウチの仕事をやらないか？」と声をかけてくださったそうです。

これは、最初から取引先（売上）が確保されている状態です。一年間は個人事業主として一人で小さな工場を立ち上げ、細々と生産活動をしていました。

当然、創業融資を借りてのことです。一年経って軌道に乗ると法人化し、社員を雇い入れ、さらに追加で銀行から融資を受けて設備を購入しました。

A社長の真面目な人柄と仕事ぶりで、売上高は5000万、6000万、7000万円と年々増加していきました。社員も設備も増やし、周りからは「成功している青年実業家」と見られていたそうです。

しかし、売上は増加している一方で、業績は赤字でそれが増えるばかり。かろうじて利益が出ていても経常利益率1％台。この状態が、5期も6期も続くとどうなるか？

想像に難くないですね。

もともとA社長はサラリーマンで、いきなり倒産した会社の仕事を引き継いだわけですから、「経営」の勉強や経験を積んで独立したのではありません。

ですから、独立当初はこんな感じだったそうです。

「売上さえ上げればいいんだ！」

売上を上げ続ければいつか楽になる。

結果は頑張れば後からついてくるよ。

決算書の勉強をしている暇があれば、営業に行ったほうがいいでしょう！

うちは技術力勝負だから……。

嫁がしっかりしているから大丈夫。

身に覚えはありませんか？

このように、〝いつか〟会社にお金がたくさん残り、自分も社員も良い生活ができるのを夢見て頑張っていました。

しかし、いつになってもその〝いつか〟はきません。それどころか、年々、日に日に事態は悪化していったのです。

■資金が枯渇する

「売上さえ上げればいい」

そんな状態で数年間赤字が続いた結果、やがて病魔は目に見える形でA社長に襲いかかりました。

完全に「お金の入りと出のバランス」が崩れているので、取引先から入金があるとすぐに社員への支払い、仕入先への支払い、銀行への返済と自転車操業の状態。そして、この自転車操業すら崩れ始めます。

例えば、「仕入先へ詫びを入れ、支払いを待ってもらう」「社員への給料の支払いを数日待ってもらう」といった状況になれば、当然、銀行への返済も苦しくなります。

A社長は、そこで初めて銀行に相談しました。

決算書を見ながら銀行と出した結論は、「会社を継続させるなら、借入の条件変更（リスケジューリング）」です。

利息だけ支払って、元金返済を猶予してもらうのですね。もの凄いエネルギーの消費です。

それでも、「売上さえ上げれば、いつか」の考え方は変わりませんでした。

■二度目のリスケ、自己破産も考える

その後も売上自体は伸びていきました。リスケ（リスケジューリングの略）しているので、少しは資金繰りがラクになったようですが、さらに火に油を注ぐ事態になります。

新たな売上の糸口をつかみ、リスケ中の銀行に運転資金の融資を申し入れました。銀行に「絶対に大丈夫です！」と交渉して、融資が実行されます。

しかし、襲い掛かる様々な「支払いというお金の出」に絶えられず、なんと半年も経たな

いうちに、銀行へ二度目のリスケを申し入れることになります。

銀行から「当行は事故にあいました」と嫌味を言われ、A社長の報酬は年間２００万円に制限されたそうです。

その後も、

・銀行へ二度のリスケ
・仕入先への支払い遅延
・社員の給料の遅配
・公共料金の滞納
・税金の滞納……

こうした状態が続き、A社長は、昼は出社せず夜間に仕事をするようになりました。昼間会社にいると、催促や取立ての電話がかかってくるからです。

そして、遂に年末の給料を社員へ払えず、無給の年越しになることを告げます。

当時の社員は２人。その２人は会社で出会って結婚した夫婦でした。

「この家族に年越しのお金も払えない。果たして仕事始めに、この２人は出社するだろうか？」

そんな思いが駆け巡るとともに、自己破産も考え始めます。

年が明け、A社長の心配とは裏腹に、2人の社員は出社してきました。取引先からの入金をすぐに給料にあて平謝りすると、社員から「社長、この先、会社をどうするつもりですか？」と真剣な表情で問い詰められました。

まともな回答ができなかったA社長ですが、この頃、「数字に責任を持つことが社長の一番大事な仕事」だと気づきます。

それまでのA社長は、「売上さえあれば、会社にお金が残る」という取引先の注文に依存した経営を行っていましたが、今回のことをきっかけに「自分の意志で数字を作ろう！」「それには自社の儲けの構造を知ることだ！」と決意します。

そして、様々な情報をどん欲にキャッチする中で出合ったのが、**「お金のブロックパズル」**でした。その出合いから**「先に会社に残るお金を決め、それに見合った売上を作ることが経営」**だという大きな気づきを得たのです。

ブロックパズルの図に衝撃を受けたA社長は、「1年後の翌期に繰り越せる現金を社長が決め、そうなるために逆算思考で利益、固定費、売上の構造を自ら作る」ことを実践し、取引先、商品をそれに見合ったスタイルに変えていきました。

その結果、売上は下がりましたが、経常利益率14・9％を達成。そして、リスケ中の銀行に返済計画を提出し受理されたのですが、「当行は事故にあいました」と言った銀行員たちが顔を見合わせ、「なぜ、短期間でこんなに変わったのですか？」と興味深く聞いてきたそうです。


一番の変化は、実際の会社のお金の運用を社員に任せたことでした。

そう、あの２人の社員のうちの一人です。

今までは、会社のお金の財布は全てA社長が握っていましたが、社長は会社のビジョンとそれに基づいたお金の構造さえ決めれば、あとは思い切って任せることで社員に主体性や信頼が芽生えることに気づいたのです。

今でも銀行へのリスケは残っていますが、先の見通せる返済計画が可能となり社員数も5人に増え、ビジョンに基づいた生産・販売活動を活き活きと行っています。


いかがでしたでしょうか？

A社長の壮絶な経験までとは言わなくても、似たような境遇にある方もいらっしゃるのではないでしょうか?

キャッシュフロー経営を導入する上で確実に言えることがあります。それは、「会社のお金は定期的にキチンと向き合ってやれば、いつか必ず微笑んでくれる。逆に放置するといつか牙を向いて襲いかかる」ということ。

キャッシュフロー経営とは、簡単に言えば「お金と向き合う経営活動」です。その上で、夢やビジョンを実現していくのです。

第6章●ここがポイント!

事実=お金と向き合う「キャッシュフロー経営」を行えば、本業がさらに儲かる!

最終章

コロナ後の国家の再生を賭けた史上最大の作戦！

～『事業再構築補助金』

２０２０年の年末、経済産業省から経営革新等支援機関に「コロナ脱出対策として未曽有《みぞう》で史上最大級の新しい補助金の検討に入っている」という、信じられないようなニュースが入ってきました。

それは中小企業向けの経済対策で、２０２０年度第３次補正予算に組み込まれた『事業再構築補助金』のことです。

姿を現した超大型予算の補助金

２０２１年１月28日の国会において通過し、２０２０年度第３次補正予算に組み込まれた１兆１４８５億円の『事業再構築補助金』。

同日、経済産業省と全国の経営革新等支援機関との間でリモートによる説明会が開催され、私も参加しました。

レジメを見ながら説明を聞いていくうちに、様々な思いが駆け巡り、「これは良い意味で大変なことになる」と武者震いしたのを覚えています。

２０２０年は、コロナの影響を受けた中小零細企業に対し、売上減少分に伴う補填である「持続化給付金」や、当面の固定費を賄う「雇用調整助成金」「家賃支援給付金」等が次々と施策として打ち出され、さらに資金繰り支援として、信用保証協会１００％保証のコロナ融資が日本政策金融公庫を皮切りに始まり、民間金融機関にまで広がりました。

緊急事態宣言で、内外の観光客激減、東京オリンピックを含む各種イベントの延期・中止、飲食店での外食自粛、リモートワークによるオフィス賃貸解約等で倒産・廃業数が過去最高になるという報道もありましたが、蓋を開けてみると２０２０年の倒産件数は７７７３件と前年を下回り、８０００件を下回ったのは30年振りでした（東京商工リサーチ調べ）。

この状態は、コロナ病にかかった企業にカンフル剤を打っただけで、根本解決になっている場合とそうでない場合があります。そのカンフル剤は持って一年くらいと金融機関の間では囁《ささや》かれているので、もしかすると２０２１年は昨年の反動と資金切れでバタバタと倒産や廃業が増える可能性があります。

経済産業省をはじめとする政府も同様に見ており、２０２１年はコロナの根本解決に予算を投下すべく、突貫でこの『事業再構築補助金』を予算化したと思います。

予算規模は1兆1485億円の超マンモス級

『事業再構築補助金』の具体的な中身は、読者の皆さまもよくご存じだと思いますので、経営革新等支援機関の立場から、この補助金に賭ける経済産業省・中小企業庁の意気込みをお伝えします。

冒頭にも書きましたが、2020年度第3次補正予算に1兆1485億円が計上されています。この予算の額がどれだけ大きいかと言うと、既存の補助金で規模が大きい「ものづくり補助金」でも1000億円程度ですから、10倍以上の規模と言えますね。

しかも、2021年は年5回の公募があります。これは2・5カ月に1回公募がある計算となり、締切りが過ぎてしまうリスクが少なくなります。

ただ、「事業再構築」ですから、文字通り今までのビジネスモデルを根本的に見直し、アフターコロナに備えた新しいビジネスモデルを構築しなければなりません。

国の狙いはここにあります。世界の動向は分かりませんが、このような補助金は日本だけではないでしょうか。それゆえ「補助金が出るならやってみるか」では100%採択されないばかりか、申請の段階で行き詰まります。

コロナ以前のものでもよいのですが、今まで描いていた新しいビジネスモデルを、これを機に「事業計画書」にまとめ上げ、採択されようがされまいが「絶対にやるんだ」という決断をされている事業者のみ、土台に乗ると思います。

補助額は中小企業の通常枠で最大6000万円。補助率3分の2ですから、例えば9000万円の事業投資をすると自己資金（借入含む）3000万円で済みます。しかも他の補助金にはない、建物構築、改修、撤去も対象となります。

国内の中小企業が知恵を絞り、行動して1兆円規模の補助金で事業再構築をすれば、数年後には新しいこの国のあり方が見えるような気がしてとてもワクワクします。そして、バブル経済崩壊後30年間、デフレスパイラルに陥り世界からも取り残された感がある日本が、新しいビジネスモデルを創出し日本発で世界へ発信し、結果、賃金が上がり、税収も上がり健全なインフレスパイラルに移行するのが、この補助金の最終目的ではないでしょうか。

本書が世の中に出る頃も、公募は続いていると思いますので、今からでもトライしてみるかという方は、経済産業省・中小企業庁の「事業再構築指針の手引き」と「公募要領」をよくお読みになった上で、お近くの経営革新等支援機関にご相談してみてください。

また、『事業再構築補助金』の事務局ホームページが開設されているので、一度チェックしてみてはいかがでしょう。（※事業再構築補助金事務局　https://jigyou-saikouchiku.go.jp）

『事業再構築補助金』の申請事例

補助金で新事業にチャレンジ

『事業再構築補助金』を申請する上で、要となるのが『事業計画書』です。

ここでは、私が経営革新等支援機関として一緒に支援した「株式会社ひろ写真」の事例をもとに、井上匡央社長に許可を得た上で、『事業計画書』の重要性や申請までのストーリーをご紹介しましょう。

■創業30年、3期連続赤字会社からの挑戦

　東京都下に本社を構える（株）ひろ写真は、葬儀に欠かせない遺影写真制作専門の会社です。代表の井上社長以下30人弱のスタッフと共に、葬儀対応といった特殊性から24時間、365日稼働をしています。

　井上社長は、いわゆる「創業家出身」ではなく、社員から社長に登用された中小企業では稀《まれ》な事業承継をされた方です。

　年齢も40代半ばと若く、代替わり社長の特性である「民主主義型で任せる経営」を実行しており、ご自身は「将来の会社のあり方を考えたり、地域経営者のコミュニティへの参画、苦手な領域の克服」に力点を置いている、とてもバランスの取れた経営者です。

　私との出会いは2020年のコロナ禍の秋口。私がオンラインで開催している、「実践★キャッシュフロー経営体験会」に参加いただいたのがきっかけです。

　参加された目的は「苦手な領域の克服」であり、「お金のブロックパズル」を中心としたキャッシュフロー経営に興味を持ち、自社に導入することを決断いただきました。そして、キャッシュフロー経営の導入時に、最初に行う共同作業である「キャッシュフローまるわか

りシート」を策定しました。

これは、決算書から3期分の経営数字を抜き出し図にすることで、強み・弱みのポイントと強化すべき点や改善すべきアイデアが短時間で分かり、かつ次年度以降の目標も描ける経営効率化に最適な手法です。

(株)ひろ写真の場合は、残念ながら3期連続で経営赤字。それは、葬儀自体が年々減少し、かつ予算を抑えた簡略化された葬儀にシフトしている影響を受けたためでした。

一方で、創業約30年で3期以前は好調だったこともあり自己資本比率は約60%と高く、人間の体で言えば、筋肉質で丈夫だけれど血液や栄養分の流れが滞っているような状態でした。ですから体力のある今のうちに、思い切った事業の見直しが必要との意見で一致したのです。

キャッシュフロー経営を導入しつつ、第5章でもご紹介した経産省の『早期経営改善計画』を同時並行で取り入れ、地元の信用金庫の支店長への報告も一緒に同行しました。

金融機関に計画をアウトプットすることで後戻りできない環境となり、計画が実績に置き換わる確率が高くなるのですね。

■自社ブランドとリメイク新事業を立ち上げる

２０２１年に入って、『事業再構築補助金』のニュースが飛び込んできます。

前年の２０２０年はコロナ禍でしたから、（株）ひろ写真も直撃を受けました。

読者の皆さまもメディア等の報道でご存じかと思いますが、葬儀は親族を含めた身内や友人・知人が集まり三密になるため、家族葬や簡素化した葬儀が主流となりました。お別れ会や利益率の高い社葬も壊滅状態です。

また、葬儀そのものをやらず、火葬のみで済ませる傾向が顕著になったとのことですから、その影響は想像に難くありません。

しかし、コロナ禍だからといって、４期連続赤字はなんとしても回避したいところです。

とはいえ、現状況から大幅黒字転換を図っても絵に描いた餅となります。

そこで、「お金のブロックパズル」を使って全方位的に改善案を作り実行していくことで、かろうじて黒字転換する数値計画とアクションプランを立てました。

主なアクションプランの内容は、次のようになります。

①ムダな経費の継続的なコストダウン活動

②会計業務の早期かつ正確な月次業績の自動化検討
③客数（葬儀社数）アップによる売上・粗利アップ［73％］活動
④3S（整理・整頓・清掃）活動
⑤ペットアートを中心とした自社ブランド「Hirotas+」
⑥B to C向け遺影写真のリメイク事業

①〜④は経営基盤強化で、⑤⑥は新事業となります。
ワクチン接種が進み、以前の葬儀や社葬が一定数戻ってきた際に③を実行すれば、アフターコロナは大幅経営改善になると思います。


ただ、この延長線でよいのか、井上社長には一抹の不安があったようです。

『事業再構築補助金』の情報が出始めた2021年初頭に、井上社長は胸の中にあった秘策を話し始めました。

「コロナがいつ終息するのか、終息しても本当にコロナ前のような葬儀の形態に戻るのか誰も分からない。ならば、ひろ写真が培った技術をさらに活かし、社員も葬儀社も葬儀に来られる方（会葬者）にも、少しでも安心してもらい、かつ社員の生産効率を上げるシステム開発に『事業再構築補助金』を利用して投資をする。もちろん採択されなくても実行します」

これは、『早期経営改善計画』のアクションプランにはない内容でした。今回の『事業再構築補助金』の予算規模と国の本気度を知り、井上社長にスイッチが入ったそうです。

■事業再構築の必要性

『事業再構築補助金』を申請するにあたっては、アフターコロナを見据えて成り行きで市場回復を「待っている経営」ではなく、強みを活かして新しいサービスを開発し、コロナ対策も盛り込み、かつ自社の利益率改善につなげる「攻めの経営」を推進していくことが必須になります。

また新事業を開始するにあたり、「その事業を推進する上で外せないのは、経営理念に即しているか？」ということです。

では、(株) ひろ写真の経営理念を確認しましょう。「悲しみを微笑みに　感謝を想い出へ」です。

そして、企業ビジョンは、「私たちは写真を通じて残された方々に故人様との楽しかった想い出を思い起こしてもらい、悲しみを乗り越え微笑んでもらえるよう、ご家族から故人様への感謝の思いという形のないものを写真という形に残るものとしてご提供しております」です。

まさに、アフターコロナ時代と経営理念がミートした新事業推進だと思います。

■事業再構築による利益貢献

デジタル化を図ることで、次の2点が確実に利益貢献につながります。

①一日最大10時間程度の移動時間削減……ムダな残業の廃止等、働き方改革に寄与し、会社側にも労働分配率の低減が期待できる。

②移動が減り、不要車両を削減することで年間最大240万円のコスト削減が可能……一般経費が減り利益直結となる。特に車両は駐車場（都内）、燃料、メンテナンス、車検、税金と意外にコストがかかるので、削減することによる効果は大きい。

以上のことから固定費が下がることで、利益に貢献します。

■事業再構築を実施する上での既存事業とのシナジー効果

さらに、近隣だけでなく今まで取引ができなかった遠方の葬儀社とも取引ができるようになるため、契約葬儀社が増加し売上が向上します。また相乗効果により、葬儀写真用の額縁販売なども増加することが期待できます。

さらに、事業が業界にもたらす影響も少なくありません。本事業を推進する上で、遺影写真のデジタル化による葬儀演出効果のアップと、顧客である葬儀社の働き方改革の促進の影響に寄与できるのです。

そして、井上社長は、第一回公募に『新しい葬儀写真演出　非接触で発注、表示、配信ができる遺影写真』という事業計画名で申請し、無事6月に採択されました。

■『事業再構築補助金』に採択され、社長のモチベーションが変化

採択後の経営支援日に井上社長に心境の変化をお聞きしたところ、次のような答えが返ってきました。

「採択されなくても、この新事業はやろうと思っていましたが、内心、一方では多額の投資のために、これ以上融資を受けるには一抹の不安もありました。けれども、『事業再構築補

助金』に採択されたことで、そのハードルが一段も二段も下がり、今ではこの新事業を成功させることに集中し、アクションプランに従って社員と、ＰＤＣＡ［Plan（計画）・Do（実行）・Check（評価）・Action（改善）］を回しながら楽しく進めたいとワクワクしています」

新事業にチャレンジされたい方は、ぜひこの『事業再構築補助金』の申請にチャレンジしてみてください。

先ほども述べましたが、一番の狙いは『事業計画書』を描くことです。

その上で、補助金の申請も通ったらラッキーです。

この順番をお忘れなく、挑戦してみてください。

おわりに

本書の執筆を開始したのは、2020年の秋口でした。その年の4月には、新型コロナウイルスの感染拡大により我が国初となる「緊急事態宣言」が発出され、世の中がガラッと変わりました。

政府は、財務省をはじめとする関係省庁及び日銀も巻き込み総力戦で、この目に見えない感染症対策にあたったと承知しています。とりわけ中小零細企業に対しては、異次元とも言えるコロナ融資を、日本政策金融公庫を筆頭に開始。その動きは、民間金融機関にまで一気に加速しました。

平時には借入ができない会社まで融資が行き届き、2020年の倒産件数は前年を下回り、それはここ数年でも稀に見る低水準でした。

会社が倒産する時は、赤字になったからではありません。「資金ショート」をした時です。ですから、コロナ禍で業績が傾いたとしても、融資が下りれば当面の固定費の支払いは可能となり倒産はしません。

しかし、そのまま何らかの経営改善を行わないでいると、借入金が固定費を食いつぶし、それこそ「返済不能」となり「破綻」へと向かいます。

政府はそれが分かっているため、2020年度末には本書でも紹介した『事業再構築補助金』のような、事業に思い切ったメスを入れる経営改善策に多額の補助金を出す予算を組んだのです。

その経営改善策を具現化するのが『事業計画書』となります。

『事業計画書』をキッチリ描いて経営にあたるのと、頭の中だけでやるのとでは、同じことでも結果は全く違うものになります。

本書をお読みくださった読者の皆さまは、すでにご理解いただいていると思います。

『事業計画書』には、あなたの「エネルギー」が宿ります。そのエネルギーが周囲に伝わり、協力者が現れ、道に迷っても修正可能となり最後までやり遂げられるのですね。

また、『事業再構築補助金』の専用ホームページに「中小企業庁　経営支援部長」が登場するビデオが数本アップされていますが、その中で事業計画を分かりやすく解説しているものがあります。

そこでは、「現状」➡「理想」➡「ギャップ」➡「戦略・戦術」が語られています。

事業計画の組み立て方は、まさにこの通りだと思います。

コロナ禍があったからこそ自社の経営を見直し、事業再構築のストーリーを『事業計画書』に描いた経営者も多いと思いますが、これを機にコロナ禍が過ぎ去っても毎期、自社の『事業計画書』を描き、社員・金融機関・取引先に常に公開するようにしてみてはどうでしょう。必ず、今まで見ことがない素晴らしい世界が皆さまの前に現れると思います。

私のミッションは、「ビジョンとお金の両輪経営で会社を100年永続させる」です。それには、『事業計画』は一丁目一番地です。

読者の皆さまの気づきとやる気を喚起する、そのきっかけとして、本書が少しでもお役に立てれば本望です。

最後に、コロナ禍においてリモートで本書の編集にご尽力くださった株式会社Clover出版の田谷編集長様、事例紹介の掲載をご快諾くださった中小企業庁 企画課様、並びに中小企業基盤整備機構　経営支援部　連携支援課様、事例取材をご快諾くださった各企業経営者の皆さまに、心から謝意をお伝えしたいと思います。

2021年8月吉日

キャッシュフロー経営導入支援パートナー

丸山一樹

★7日間の動画で学ぶ★

本書の中でも登場した「お金のブロックパズル」は、事業計画を立てる上で必ず読者の皆さまのお役に立てると思います。そのお金のブロックパズルが7日間で学べる無料メルマガを配信中です。登録するとお金のブロックパズルの描き方と経営での活かし方を文字と丸山が解説した動画の両方で学べるメルマガが配信されます。

https://mirai-keieiken.com/mailmagazin/

● 参考文献

『超★ドンブリ経営のすすめ』
和仁達也著　ダイヤモンド社

『PROFIT FIRST お金を増やす技術』
マイク・ミカロウィッツ著　近藤学訳　ダイヤモンド社

『決算書で面白いほど会社の数字がわかる本』
福岡雄吉郎著　井上和弘監修　あさ出版

● 協力公的機関

中小企業庁　企画課
中小企業基盤整備機構　経営支援部　連携支援課

● 取材協力企業

株式会社　ワイ エス エム
株式会社　ひろ写真

◎ 著者プロフィール

丸山一樹（まるやま・かずき）

経産大臣認定　経営革新等支援機関

丸山未来経営研究所　代表

「ドンブリ社長の社外 NO.2」キャッシュフロー経営導入支援パートナー。

地域の中小企業の社長の会、銀行主催のキャッシュフロー経営セミナーに登壇し、その参加人数は 500 人を超える。


1965 年埼玉県生まれ。国学院大学卒業後、27 年間の自動車部品メーカー勤務を経て独立。会社員時代は取引のあった中小企業が次々に倒産するのを目の当たりにする。共に苦労してきた経験や信頼関係は何だったのかと思い悩むが、一会社員では現実を受け容れるしかない、という事実に打ちのめされる。

「ビジョンとお金の両輪経営で会社を 100 年永続させる!」というミッションを胸に抱き、日本経済を支える中小企業の経営支援を本氣でやることを誓い、安定した会社員生活を捨てて顧問先ゼロで独立。

丸山未来経営研究所を立ち上げ、経産省の「経営革新等支援機関」の認定を受ける。

創業時に経産省が推奨する「経営力向上計画」の認定を自ら取得し、同じく創業者向けに開催した「経営力向上計画策定勉強会」に参加し認定を取った経営者は 100 人を超える。

現在は中小企業に「キャッシュフロー経営導入支援」に特化したコーチングをしている。

そのコーチングはドンブリ経営の会社が6カ月でキャッシュフロー経営に変容・進化し、経営の意思決定がスピーディになると定評がある。「**熱意を持って中小企業を元気にし、その先にある日本を元気にする事**」が最大のビジョン。

装　丁／齋藤 稔（ジーラム）
組　版／（有）アミークス
校正協力／永森加寿子
編集協力／嶋崎千秋
編　集／田谷裕章

もう会社がつぶれる!!と思ったら読む本

キャッシュが残る事業計画が楽に作れる！公的支援活用実践マニュアル

初版１刷発行 ● 2021年９月20日

著者

丸山《まるやま》 一樹《かずき》

発行者

小田 実紀

発行所

株式会社Clover出版

〒101-0051 東京都千代田区神田神保町3丁目27番地8　三輪ビル5階　Tel.03(6910)0605　Fax.03(6910)0606
https://cloverpub.jp

印刷所

日経印刷株式会社

ISBN978-4-86734-034-9　C0034

本書の内容に関するお問い合わせは、info@cloverpub.jp宛にメールでお願い申し上げます